Margit und Michael Kleemann

Familienwandern

in den Münchner Hausbergen

Neue Tipps

Margit und Michael Kleemann

Familienwandern

in den Münchner Hausbergen

Neue Tipps

Edition Förg

Inhalt

AUGSBURG
Friedberg
Derching
Stätzling
Dasing
Sielenbach
Wollomoos
Laimering
Kiemertshfn.
Altomünster
Aichach
Ainhofen
Petershsn.
Freising
Kranzberg
Weichs
Kammerberg
Giggenhausen
Attaching
Adelzhsn.
Markt Indersdorf
Vierkirchen
Fahrenzhausen
Schwaig
Ottmaring
Eurasburg
Unterweikertshofen
Erdweg
Niederroth
Schönbrunn
Haimhausen
Neufahrn
Hallbergmoos
Notzing
Kissing
Ried
Odelzhausen
Oberroth
Schwabhsn.
Ampermoching
Eching
Königsbrunn
Egenhofen
Hebertshsn.
Moosinning
Mering
Mittelstetten
Einsbach
Bergkchn.
Dachau
Unt.-schleißheim
Ober-
Erdinger Moos
Merching
Althegnenberg
Unterschweinbach
Garching
Ismaning
Oberneuching
Klosterlechfeld
Hattenhofen
Maisach
Karlsfeld
Prittriching
Steindorf
Mammendorf
Olching
Dachauer Moos
Speichersee
Ottenhofen
Egling
Grunertshfn.
Fürstenfeldbruck
Esting
Gröbenzell
Unterföhring
Pliening
Scheuring
Dünzelbach
Jesenwang
Puchheim
Aschheim
Poing
Beuerbach
Walleshsn.
Moorenweis
Schöngeising
Alling
P. Ort
Germering
MÜNCHEN
Feldkirchen
Geltendorf
Türkenfeld
Wildenroth
Gilching
Unterpfaffenhofen
Parsdorf
Weil
Neue Messe
Kaufering
Epfenhsn.
Eresing
Etterschlag
Argelsried
Planegg
Krailling
Gräfelfing
Haar
Vaterstetten
Penzing
Inning
Gauting
Neuried
Neubiberg
Zorneding
Landsberg a. Lech
Schwifting
Windach
Schondf.
Weßling
Unterbrunn
Pullach
Unterh.
Ottobrunn
Grasbr.
Putzbrunn
Hohenbrunn
Harthsn.
Pürgen
Finning
Utting
Breitbrunn
Wörthsee
Oberalting
Seefeld
Pilsensee
Leutstetten
Olympiastr.
Baierbrunn
Grünwald
Taufkirchen
Siegertsbrunn
Moosach
Oberpframmern
Stoffen
Hofstetten
Ammersee
Herrsching
Andechs
Perchting
Starnberg
Söcking
Wangen
Straßlach
Oberhaching
Höhenkchn.
Brunnthal
Egmating
Via Claudia Augusta
Stadl
Obermühlhsn.
Pöcking
Berg
Schäftlarn
Oberbiberg
Hofolding
Aying
Glonn
Peiß
Issing
Dießen
Erling
Feldafing
Deining
Sauerlach
Endlhausen
Mundraching
Dettenschwang
St. Georgen
Vorderfischen
Traubing
Starnberger See
Egling
Kreuzstraße
Reichling
Raisting
Pähl
Münsing
Wolfratshausen
Otterfing
Epfach
Rott
Tutzing
Linden
Föching
Holzkirchen
Valley
Oberapfeldorf
Wessobrunn
Wilzhfn.
Hohenried
Haunshfn.
Ascholding
Geretsried
Dietramszell
Weyarn
Hohenfurch
Weilheim i. Oberb.
Olympiastr.
Bernried
Eurasburg
Hartpenning
Seehamer See
St. Leonhard
Marnbach
Seeshaupt
Beuerberg
Königsdorf
Kirchsee
Oberwarngau
Schongau
Hohenpeißenberg
Peißenberg
Polling
Unterebering
Osterseen
Reutberg
Sachsenkam
Schaftlach
Peiting
Etting
St. Andrä
Schönrain
Oberhsn.
Huglfing
Bad Tölz
Waakirchen
Dürnbach
Gmund
Hausham
Böbing
Oberhöchering
Antdorf
Bad Heilbrunn
Reichersbeuern
Rottenbuch
Romantische Str.
Penzberg
Wackersberg
Marienstein
Tegernsee
Schliersee
Schöffau
Spatzenhsn.
Habach
Sindelsdorf
Bichl
Zwieselberg
Arzbach
Gaißach
Uffing
Riegsee
Benediktbeuern
Bad Wiessee
Rottach-Egern
Kirchberg
Bayersoien
Staffelsee
Murnau
Lenggries
Fockenstein 1562
Hohenburg
Wies
Wies Kirche
Bad Kohlgrub
Saulgrub
Großweil
Brauneck
Benediktenwand 1801
Wallberg 1722
Spitzingsee
Hohe Bleick 1638
Altenau
Ramsach Kirche
Schlehdorf
Kochel
Kochelsee
Kreuth
Risserkogel 1826
Unterammergau
Ohlstadt
Walchensee Kraftwerk
Kesselberg
Jachenau
Wildbad Kreuth
Oberammergau
Eschenlohe
Herzogstand 1731
Walchensee
Achenpass
Bayerische
Schinder 1808
Halserspitze 1862
Ammergauer Alpen
Klammspitz 1924
Linderhof
Ettal
Einsiedl
Sylvensteinsee
Vorderriß
Fall
Achenwald
Deutsche Alpenstr.
Oberau
Krottenkopf 2085
Isar
Juifen 1988
Guffert 2194
Ammersattel 1082
Farchant
Olympiastr.
Achenthal
Achenkirch
Kramer 1981
Wallgau
Scharfreiter 2102
Garmisch-Partenkirchen
Kaltenbrunn
Steinberg
Brandenberg
Grainau
Griesen
Eibsee
Partnachklamm
Soiernspitze 2257
Hinterriß
Seebergspitze 2085
Achensee
Rofan
Rofanspitze 2259
Eibsee
Elmau
Mittenwald
Östl. Karwendelspitze 2537
Pertisau
Kramsach
Daniel 2342
Zugspitze 2963
Alpspitze 2628
Karwendeltal
Rißbach
Ehrwald
Obermoos
Wettersteingebirge
Birkkarsp. 2749
Gramaialm
Maurach
Wiesing
Münster
Jenbach
Reith
Biberwier
Scharnitz
Scharnitzpass
Alpenpark Karwendel
Eng
Lamsen Spitze 2508
Tratzberg
Strass
Brixlegg
Hochplattig 2768
Leutasch
Weidach
Hinterautal
Karwendel
Stans
Rotholz
Schlitters
Mieminger Kette
Hohe Munde 2562
Seefeld
Seefeld. Sattel 1200
Inntal Autobahn
Buch
Holzleitensattel 1126
Mieming
Telfs
Sagl
Gr. Bettelwurf 2726
Vomp
SCHWAZ
Fügen
Barwies
Oberhofen
Pettnau
Hafelekar Sp. 2334
Gnadenwald
Terfens
Obsteig
Mötz
Reith
Thaur
Absam
Fritzens
Kolsass
Weer
Pill
Uderns
Zirl
Pfaffenhofen
Rietz
INNSBRUCK
Hall i. Tirol
Wattens
Weerberg
Kaltenbach
Silz
Stams
Inzing
Rum
Mils
Volders
Kolsassberg
Gilfert 2506
Hochfügen
Zillertaler Höhenstr.
Ochsengarten
Ranggen
Kematen
Völs
Ampass
Tulfes
Wattental
Zell
Kühtaier S. 2017
Oberperfuss
Natters
Aldrans
Rinn
Lans
Tuxer
Haggen
Kühtai
Sellrain
Axams
Igls
Patscherkofel
Walchen
Hainzenbg.
TIROL
13
14
15
16
17
18
19

Pfarrkirchen
Eggenfelden
Gangkofen
Neumarkt St. Veit
Mühldorf a. Inn
Töging
Altötting
Waldkraiburg
Simbach a. Inn
Burghausen
Wasserburg a. Inn
Tittmoning
Trostberg
Laufen
Oberndorf b. Salzburg
Traunstein
Freilassing
Rosenheim
Bad Aibling
Kolbermoor
Stephanskchn.
Prien
Chiemsee
Frauenchiemsee
Herrenchiemsee
Ruhpolding
Bad Reichenhall
Berchtesgaden
Bischofswiesen
Reit i. W.
Kössen
Walchsee
Chiemgauer Alpen
Kaiser-geb.
KUFSTEIN
Wörgl
St. Johann i. Tirol
KITZBÜHEL
Kitzbüheler Alpen
Loferer Steinberge
Leoganger Steinberge
Reiter Alpe
Nationalpark Berchtesgadener Alpen
Steinernes Meer
Saalfelden
ZELL a. See
Mittersill
SALZBURG
Deutsche Alpenstr.
Straße der Residenzen
Deutsche Ferienstr.
Inntal Autobahn
1
2
3
4
5
6
7
8
9
10

Vorwort

Nach dem Erfolg unseres ersten Familienwanderbuches möchten wir uns zu allererst ganz herzlich für den Zuspruch und die positiven Rückmeldungen bedanken, die wir von vielen Wanderern erhalten haben. Einige von ihnen sind immer wieder auf den geführten Familienwanderungen zu Gast, die wir regelmäßig veranstalten.

Es freut uns, nun ein Buch mit 20 neuen familiengerechten Hüttentouren zwischen Chiemsee und Garmisch anbieten zu können. Dabei haben wir uns diesmal noch etwas weiter östlich, bis in die Gegend um Traunstein, vorgewagt. Wieder sind fast alle Touren als Winterwanderungen, zum Teil mit Rodelabfahrt, möglich. Ebenso können Sie wieder bei den weitaus meisten mit öffentlichen Verkehrsmitteln anreisen.

Wir haben die Wegstrecke stets so detailliert wie möglich beschrieben. Unter anderem deshalb, weil wir an manchen Stellen die Ausschilderung als nicht optimal empfunden haben. In solchen Fällen haben wir auch die betreffenden Gemeinden informiert. So kann es sein, dass sich bis zum Erscheinen des Buches an einigen Weggabelungen in dieser Beziehung schon etwas zum Besseren verändert hat!

Auch neue Spielideen für unterwegs haben wir wieder für Sie zusammengestellt. Die bewährten Hinweise und Tipps zum Wandern mit Kindern allgemein haben wir dagegen – in etwas überarbeiteter Form – aus unserem ersten Buch entnommen.

So wünschen wir Ihnen, liebe Leserin, lieber Leser, viel Spaß beim Ausprobieren der Touren!

Margit und Michael Kleemann

Wandern mit Kindern

Die Bergtour – eine Entdeckungsreise

Kinder bewegen sich gerne im Freien. Sie wissen genau, wie viel sie sich zumuten können. Wenn sie müde sind, legen sie eine Pause ein, und wenn sie ausgeruht sind, laufen sie weiter. Kinderaugen entdecken viele interessante Dinge in der Natur, die ihre Phantasie anregen. Dies ist für die Erwachsenen

Zur Benutzung dieses Buches

In den Kurzinformationen zu den Wanderungen und Einkehrmöglichkeiten werden folgende **Symbole** verwendet:

- Nichtraucherraum vorhanden
- Wickeltisch vorhanden
- Babygläschen werden warm gemacht
- Hochstuhl vorhanden (Anzahl in Klammern)
- Altersempfehlung
- Hinweis zur Sommerwanderung
- Hinweis zur Winterwanderung
- Hinweis zur Rodelabfahrt
- Die Strecke ist kinderwagentauglich
- Die Strecke ist nicht kinderwagentauglich
- Telefon

Die **Altersempfehlung** für Ihre Kinder richtet sich nicht nur nach der Gehzeit und dem Höhenunterschied, sondern auch nach der Art des Weges und seiner Steilheit. Diese Werte sind maßgebend für die Motivation Ihres Kindes und werden daher mit berücksichtigt.

Die **Kinderwagentauglichkeit** richtet sich nach der Wegbeschaffenheit. So sind für die Auffahrt mit Kinderwagen ausschließlich Forstwege beschrieben. Bitte beachten Sie hierzu etwaige Anmerkungen zur Steilheit des Weges.

Für Wanderer, die mit **öffentlichen Verkehrsmitteln** anreisen, verläuft bei einigen Touren die Route abweichend (was auch eine andere Altersempfehlung bedingen kann). Bitte beachten Sie hierzu die folgenden Symbole:

eine Chance, Natur und Berge mit den Augen der Kinder zu erleben.

Damit es eine gelungene Bergtour wird, dürfen wir das Kind nicht überfordern. Seine Kondition sollte mit leichten Touren erst einmal aufgebaut und das Tempo auf seine Möglichkeiten eingestellt werden. Für Kinder stehen nicht die Gipfel im Vordergrund, sondern es gilt die Devise: „Der Weg ist das Ziel." Für sie steckt die Bergwelt voll spannender Abenteuer, die es zu entdeckten gilt.

Spielen, Neues entdecken und Abenteuer erleben – das kann man auf jeder gelungenen Bergtour. So erfahren die Kleinen, dass Bergsteigen etwas Spannendes ist und sehr viel Spaß machen kann.

Hinweise/Wegbeschreibung für Wanderer, die mit öffentlichen Verkehrsmitteln anreisen

Hinweise/Wegbeschreibung für Wanderer, die mit dem Auto anreisen

Bei einigen Wanderungen wird für kritische Stellen empfohlen, die **Kinder anzuseilen.** Hierfür befestigen Sie eine Rebschnur am Brustgurt des Kindes und nehmen sie in die Hand. Wir konnten übrigens immer wieder feststellen, dass die Kindern das Anseilen keineswegs negativ, sondern im Gegenteil als willkommenes Abenteuer sehen, sodass die meisten gerne am Seil gehen.

Bei den **Gehzeiten** beachten Sie bitte, dass es sich um die reine Gehzeit für Erwachsene handelt, die sich erheblich verlängern kann, wenn Kleinkinder mit von der Partie sind, die gerade erst in der Lage sind, selber zu laufen, oder wenn unterwegs Spiele gemacht und sonstige größere Pausen eingelegt werden.

Legende für die Kartenskizzen

Sommerwanderung

Winterwanderung (soweit von der Sommerwanderung abweichend)

Winterwanderung (bedingt möglich)

Rodelweg (soweit von der Winterwanderung abweichend)

Ⓗ Bushaltestelle

Spielerisches Lernen

Aktivitäten im Gebirge fordern Kinder seelisch, geistig und körperlich – also als ganzen Menschen. Die Kleinen lernen mit Herz, Kopf und Hand, im Sinne eines ganzheitlichen Ansatzes. *Sie* sind diejenigen, die Heilkräuter oder kleine Tiere im Wasser entdecken. Darüber hinaus werden sie prozesshaft – „learning by doing" – damit vertraut, wie man zum Beispiel angeseilt auf einem schmalen Weg an einem Steilhang sicher geht. Handlung und Ergebnis, ein bestimmtes Verhalten und der daraus resultierende Erfolg, sind bei Aktivitäten in der freien Natur direkt miteinander verknüpft: Wenn ich ein „Steinmanderl" bauen möchte, muss ich flache Steine übereinander legen, die nach oben immer kleiner werden, sonst fällt alles zusammen.

Freude an der Natur zu haben und die Tier- und Pflanzenwelt als Mitgeschöpfe zu sehen – das ist eine Einstellung, die wir den Eltern mit auf den Weg geben möchten, damit sie sie ihren Kindern „in die Wiege legen". Sensibel zu werden für ökologische Zusammenhänge, das lernt man nicht aus Büchern oder Fernsehsendungen, wir müssen dazu in die Natur hinausgehen und sie auf direktem Wege begreifen. Im Gebirge finden sich noch weitgehend intakte natürliche Lebensräume, die ein geeignetes Spiel- und Lernfeld darstellen. Hier können wir zusammen mit unseren Kindern ein tief greifendes Verständnis für unsere Umwelt entwickeln und im Bewusstsein verankern.

Die Natur mit allen Sinnen zu erfahren, sie zu ertasten, zu riechen, zu schmecken, zu hören und zu sehen, prägt unser Bewusstsein. Indem wir Tiere beobachten, Pflanzen beschreiben, kleine Lebewesen erforschen und mit Wasser experimentieren, nähern wir uns unseren Mitgeschöpfen. Wenn unsere Kinder natürlich gesteu-

erte Kreisläufe spielerisch erfahren, führt das letztlich auch zu einem umweltbewussten Handeln im Alltag.

Getragen werden

Während der Schwangerschaft ist das Kind vielfach Bewegungsreizen ausgesetzt. Dann kommt es auf die Welt und muss sich erst einmal hier zurechtfinden. Das sollte möglichst aus einer sicheren Position heraus geschehen – ganz nahe bei Mutter oder Vater. Das Erlebnis des Getragenwerdens ist wesentlich für die frühkindliche Entwicklung!

Eine wichtige Aufgabe der Eltern ist es auch, dem Säugling eine Beziehung zur Schwerkraft zu vermitteln. Dies geschieht durch Hochnehmen, Hin- und Herwiegen, Tragen im Tuch, später durch Schaukeln, Reiten, Schwimmen und – nicht zuletzt – Bergsteigen.

Im Tragetuch nimmt das Baby durch die Bewegung der Mutter oder des Vaters nicht nur die

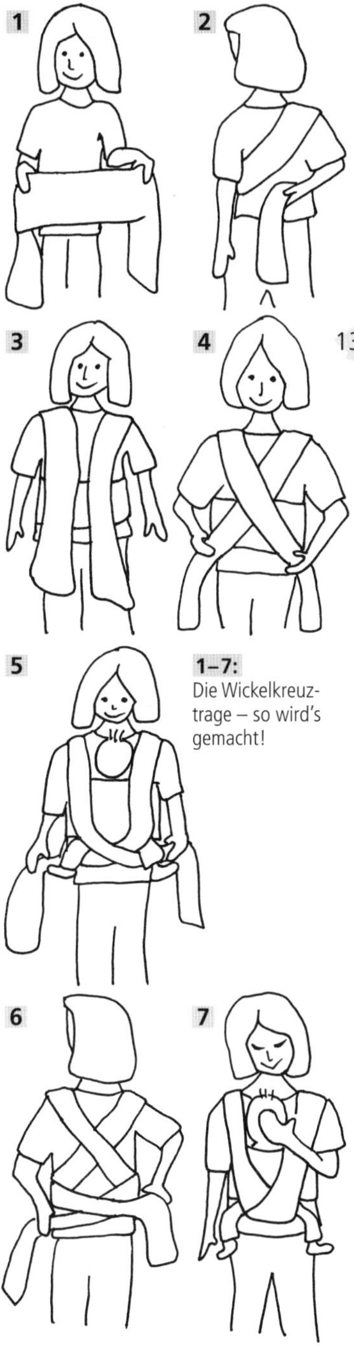

1–7: Die Wickelkreuztrage – so wird's gemacht!

Schwerkraft, sondern auch seinen eigenen Körper wahr. Jedes Baby sucht Begrenzungen, um seinen Körper zu spüren. Diese Tiefensensibilität fördert das räumliche Vorstellungsvermögen, auf dem wiederum späteres Lernen aufbaut (Lesen, Mathematik etc.). Zudem legt das Getragenwerden den Grundstein für die Entwicklung des Gleichgewichtssinns.

Der wichtigste Effekt des Getragenwerdens ist aber die Gefühlsbindung zwischen dem Baby und der Mutter beziehungsweise dem Vater. Diese Beziehungsaufnahme durch Berührungsreize gibt dem Kind später seine emotionale Sicherheit.

Die Zufriedenheit überträgt sich auf das Kind

Das Gefühl, in der Natur Energie für Körper und Geist zu tanken und dabei sein Baby ganz nahe bei sich zu haben, vermittelt eine innere Zufriedenheit, die sich unmittelbar auf das Kind überträgt. Selten erleben wir Babys und Kleinkinder so zufrieden, wie wenn sie getragen werden und dabei sein dürfen.

Auch an kalten Wintertagen können Babys zum Bergwandern mitgenommen werden. Durch das Tragen unter der Jacke und den engen Körperkontakt bekommen sie eine Extraportion Wärme. Die Bewegung der Mutter beziehungsweise des Vaters regt den Tast-

1

1–8:
Die Kreuztrage ist die etwas einfachere Form.

5

1–7:
Die Rückentrage ist etwa ab dem 5. Monat möglich.

1

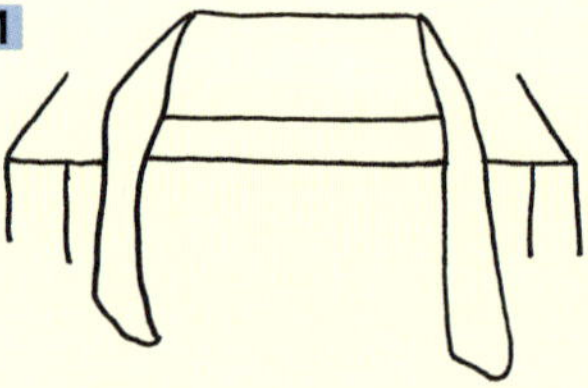

4

2
3
4
6
7
8

2
3
5
6
7

sinn, aber auch die Bewegungs- und Gleichgewichtsorgane des Babys an. Zudem ruft jede Schwerpunktverlagerung entsprechende Reflexe des Kindes hervor.
Dieses Buch will Sie einladen, bei reizvollen und genussreichen Wanderungen durch die Bergwelt zusammen mit Ihren Kindern die Vorzüge des Tragens und Getragenwerdens zu erleben. Sie können sich mit Ihren Kleinsten bereits ab dem ersten Lebensmonat auf den Weg machen.
Kinderfreundliche und gemütliche Hütten mit großenteils rauchfreien Räumen laden auch im Winter zur Mittagseinkehr ein.

Ausrüstung

Sobald die Mutter nach der Geburt wieder etwas Kondition und den Wunsch nach Bewegung hat, kann sie ihren Säugling in ein **Tragetuch** (mindestens 4,20 m Länge) wickeln und mit auf den Berg nehmen. Bis zur 12. Woche empfehlen wir die Wickelkreuztrage (siehe S. 13). Danach kann die etwas einfachere Kreuztrage angewendet werden. Dabei werden Rücken und Kopf des Babys gestützt. Ab dem 5. Monat braucht der Kopf nicht mehr gestützt zu werden; Sie können das Baby nun auf dem Rücken tragen. Hierzu benötigen Sie ein Tragetuch von mindestens 3,40 m Länge (siehe S. 14/15).

Wenn das Kind selbstständig sitzen kann (etwa ab dem 9. Monat), kann man es in eine **Rückentrage (Kraxe) mit Sonnen- beziehungsweise Regendach** setzen. Der Schutz vor Sonne ist genauso wichtig wie der vor Regen und Wind. Besonders hilfreich ist es, wenn die Kraxe mit einem Bügel selbstständig stehen kann.
Bei beiden Tragetechniken muss man darauf achten, dass die Blutzirkulation nicht behindert ist, deswegen sollten die Kinder nicht länger als eineinhalb Stunden am Stück getragen werden.
Kinder, die selbst laufen, sollten mit Kindertrekkingschuhen ausgestattet sein. Der Schaft muss bis über die Knöchel hochgezogen und die Sohle rutschfest sein. Es gibt auch Kindertrekkingrucksäcke, die einen guten Tragekomfort aufweisen. Achten Sie darauf, dass das Gewicht des Rucksacks 10 Prozent des Körpergewichtes nicht übersteigt. Für Kinder im Alter zwischen zwei und fünf Jahren sollte man eine längere Gehzeit einrechnen und eine Tragehilfe mit auf den Weg nehmen, falls die Kinder müde werden.

Im Sommer bietet den Babys und Kindern leichte Kleidung aus Baumwolle, Leinen oder Seide mit langen Ärmeln und Beinen den besten Schutz vor der Sonne. Socken sowie ein Sonnenhut mit Nackenschutz und Schild dürfen ebenfalls nicht fehlen. Zudem sollten Hände und Gesicht mit vorzugsweise auf physikalischer Basis wirkender Sonnencreme eingecremt werden. Wechselwäsche und Wickelsachen sowie eine „Matschhose“ oder „Buddelhose“, damit die Kinder auch in einer feuchten Wiese spielen können, sollten auf jeden Fall mitgenommen werden.

Im Winter bekommen die Babys, die man im Tragetuch unter der Jacke vor dem Bauch trägt, ausreichend Wärme von der Mutter. Mit einer warmen Mütze, Handschuhen, Fellschuhen und einem Fleece- oder Filzanzug sind sie bestens ausgestattet.
Kinder, die in der Kraxe sitzen oder mit dem Tuch auf den Rücken gebunden werden, müssen besonders warm angezogen sein, da sie sich nur eingeschränkt bewegen können. Warme Mütze, Handschuhe, Schal, dicker Schneeanzug, eventuell Matsch- oder Buddelhose darüber und Fellschuhe beziehungsweise gefütterte Winterstiefel sollten nicht fehlen.
Bei Kindern, die selbst laufen, haben sich Fleecepullis und -hosen bewährt. Dieses Material ist leicht, warm, trocknet schnell und ist in bunten, lustigen Farben zu bekommen. Darüber empfehlen sich dünne Windjacken und Überhosen, die als Wind- und Regenschutz dienen. Wollmütze, Schal und dicke Handschuhe sowie Wechselwäsche dürfen nicht fehlen.
Wenn Sie **mit dem Schlitten unterwegs** sind, sollte dieser mit einem Fellsack, der zum Beispiel auf einem Sitzkissen oder einem Stück Isomatte liegt (Käl-

te kommt von unten), einem kleinen Kissen für den Rücken beziehungsweise den Kopf des Kindes und einer Lehne zum Schieben (das geht leichter als Ziehen) ausgestattet sein. Eine fetthaltige Creme schützt das Gesicht vor Kälte. Besonders in verschneiten höheren Regionen braucht ihr Kind bei Sonnenschein unbedingt einen Sonnenschutz in Form von Schirmmütze, Creme und Brille.

Atmungsaktive, regenfeste Kleidung und Bergstiefel sowie Teleskopstöcke zur Entlastung der Knie gehören zur **Grundausrüstung bei den Erwachsenen.** Bevorzugen Sie Unterwäsche aus Baumwolle, müssen Sie an Wechselwäsche denken, da Baumwolle die Nässe speichert und im feuchten Zustand kalt wird. Ausreichend Sonnenschutz – wie Creme, Brille und Hut –, ein Wanderrucksack mit reichlich Wasser und einer kleinen Brotzeit sind eine Selbstverständlichkeit.

Für den Fall, dass unterwegs etwas passiert, sollten Sie ein **Erste-Hilfe-Päckchen** (in Apotheken erhältlich), Arnika und Apis (in homöopathischer Form als Globuli für Verletzungen bezie-

hungsweise Insektenstiche) sowie Rescu-Tropfen (Notfall-Bachblütentropfen) dabeihaben. Ein **Handy** kann in kritischen Situationen Leben retten. Die Deutsche Bergwacht ist unter der **Nummer 112** zu erreichen.

Unbedingt in den Rucksack gehören: eine Trinkflasche, eine kleine Brotzeit, Taschenmesser, Taschenlampe, Seil oder Rebschnur (mindestens 3 m lang), Stofftasche oder Jutebeutel, Bestimmungsbücher, Baumwolltuch, Fernglas, Taschen- oder Becherlupe, etwas Vaseline, Papier und Stifte für kleine Notizen und im Winter eine Schaufel.

Wenn Sie mit Ihrem Säugling in einer **Kabinenbahn** fahren, sollten Sie ihm während der Fahrt zu trinken geben, da er dann durch das Schlucken den Druck ausgleichen kann.

Die Kinder motivieren

Um Kinder zu motivieren, muss man selbst wieder ein bisschen Kind werden, die Welt mit kindlichen Augen betrachten. Versetzten Sie sich in Ihr Kleines hinein. Was könnte es motivieren, mit Ihnen eine Tour zu machen? Welchen Vorschlag würde es spannend finden? Dies könnte zum Beispiel sein, einen Rucksack mit Höhenmesser zu tragen, mit Wanderstöcken zu gehen, das Lieblingstier oder die Lieblingspuppe in einem Tragetuch dabeizuhaben, eine Freundin oder einen Freund mitnehmen zu dürfen.

Manchmal kann es hilfreich sein, die Bergtour unter ein Motto zu stellen: etwa „Das Leben eines Einsiedlers", „Der Bergbauernhof", „Als Ameise unterwegs", „Waldgeister im Feenwald", „Wassergeister am Bach". Das entspricht dem kindlichen Entdeckungsdrang, und man kann schon Tage zuvor einen Spannungsbogen aufbauen, indem die Eltern dazu vorlesen und zusammen mit den Kindern eine entsprechende Ausrüstung zusammenstellen.

Und zu guter Letzt brauchen Sie noch eine Handvoll Spielideen.

Naturerfahrungsspiele

▶ **Baumtasten** spielt man am besten kurz nach Beginn der Wanderung. Jeweils zwei Spieler bilden ein Paar. Einem der beiden werden die Augen verbunden. Der „Sehende" führt nun den „Blinden" zu einem Baum, dieser tastet den Baum ab. Nun wird der Blinde auf Umwegen wieder zum Ausgangspunkt zurückgeführt. Mit abgenommener Augenbinde kann er „seinen" Baum suchen. Dann werden die Rollen getauscht.

▶ Für das **Baumtelefon** hält ein Spieler sein Ohr an das Ende des Stammes von einem gefällten Baum. Am gegenüberliegenden Ende kratzt der zweite Spieler erst vorsichtig und steigert seine Geräusche nach und nach zu einem Klopfen. So kann der Baumstamm als Resonanzkörper erfahren werden.

▶ Das Spiel **„Käferperspektive"** vermittelt uns, wie ein Käfer seine Umgebung erlebt. Der Blick dieser Tiere ist in erster Linie nach oben gerichtet. Jeder Spieler bekommt einen kleinen Handspiegel und hält sich diesen an der Nase unter die Augen. Nun laufen wir mit den Spiegeln durch den Wald. Am besten eignet sich dafür Laubwald.

Spiele für die Rast

▶ **Unsere Brotzeit verfeinern** können wir mit Kräutern von einer Wiese oder Bärlauch aus dem Wald. Gänseblümchen verzieren das Butterbrot. Wilden Schnittlauch, Spitzwegerich, Löwenzahnblätter, Thymian, Minze, Frauenmantel und Taubnessel kann man ebenfalls klein schneiden und das Brot damit dekorieren. Selbstverständlich verzehren wir nur Pflanzen, die wir, gegebenenfalls mit unserem Bestimmungsbuch, als mit Sicherheit ungiftig identifiziert haben!

▶ Sehr viel Spaß macht die Verwendung von **Wald-, Feld- und Wiesenbesteck:** Um unser Picknick zu essen, suchen wir unser Besteck in der Natur. Als Gabel könnte ein Zweig mit Verästelungen verwendet werden, die wie Zinken aussehen. Eine Nussschale dient als Löffel. Die scharfe Kante eines Steins übernimmt die Rolle des Messers. Das Buttermesser kann ein Stück Baumrinde, die Essstäbchen zwei gerade Stöcke, der Trinkhalm ein hohler Pflanzenstängel sein. Nehmen Sie für dieses Spiel zum Beispiel Obststücke, Rosinen, Brot, Popcorn, Nuss-Nugat-Creme! Wenn unser Wald-, Feld- und Wiesenbesteck sauber ist, können wir damit essen, ansonsten nehmen wir die Finger zu Hilfe. Guten Appetit!

▶ Genauso spannend wie lehrreich ist das Spiel mit **Tastbeuteln.** Wir nehmen im Rucksack zehn kleine Stoffbeutel mit, die wir unterwegs zum Beispiel mit Moos, Vogelbeeren, Baumrinde, einem Pilz, einer Vogelfeder, Bucheckern, Zapfen, einem leeren Schneckenhaus, einer Kastanienschale, einem Fichtenzweig füllen. An unserem Rastplatz spannen wir ein Seil zwischen zwei Bäume und machen die Beutel mit Wäscheklammern daran fest. Die Kinder hangeln sich mit verbundenen Augen am Seil entlang und ertasten den Inhalt der Beutel.

Wenn Sie mit kleinen Kindern unterwegs sind, nehmen Sie nur Gegenstände aus der Umgebung, und fordern Sie die Spieler auf, die Dinge selbst in der Natur zu suchen.

▶ Vielleicht wollen Ihre Kinder **Waldgeister im Feenwald** mit eigenen Augen sehen? Erzählen Sie eine Geschichte über Waldgeister und gute Feen. Wenn wir mit den Waldgeistern und Feen sprechen, werden sie sichtbar, indem wir sie selbst gestalten. An Bäumen, Sträuchern, alten Mauern lassen sich mit Hilfe von Naturmaterialen bezaubernde Gestalten formen.

Spiele für unterwegs

▶ Ein **Purzelbaum bergauf** – das klingt nach einfacher Kinderübung, ist aber nicht leicht. Man merkt sofort, wie der Berg die Beine zu Tal wirft und die Knie in der Magengrube landen. Das Spiel vermittelt eine Vorstellung davon, welche Auf-

merksamkeit der Aufenthalt an einem steilen Hang erfordert und welche Kräfte hier frei werden können.

▶ Kleine Kinder lesen Bilderbücher gern auf dem Kopf. Eine ähnliche Perspektive vermittelt der **Beinblick:** Blicken Sie einmal kopfunter durch die Beine in die Welt. Suchen Sie sich

eine besondere Stelle aus, vielleicht gegen Abend bei Sonnenuntergang! Dann wirkt alles noch eindrucksvoller.

▶ Spielend lernen können die Kinder durch **„Samensocken":** Mit einem alten Paar weißer Socken, die wir ihnen über die Schuhe ziehen, lassen wir sie durch hohes Gras laufen, möglichst durch eine Wiese mit Samen tragenden Pflanzen wie der Pusteblume. Sie gehen so lange umher, bis die Socken mit Samen und anderen Pflanzenteilen übersät sind. Nun werden die Socken vorsichtig ausgezogen und die daran hängen gebliebenen Samen, Grashalme und Zweige sortiert. Mit Hilfe einer Lupe können wir unsere Sammlung genau betrachten.

Ein Spiel am Wasser

Vielleicht haben Ihre Kinder Lust, **blind durchs Wasser zu gehen?** Dazu spannen wir ein Seil über einen Bach. Wir verbinden einem Spieler die Augen, und er wird barfuß von einem Mitspieler an dem Seil entlang durch den Bach geführt. Danach werden die Rollen getauscht.

Bewegungsspiele

▶ Mit einer größeren Gruppe Kinder – es sollten mindestens 10 Teilnehmer sein – können wir **Fledermaus und Nachtfalter** spielen. Die Spieler bilden einen Kreis und fassen sich an den Händen. Ein Spieler ist die „Fledermaus". Er bekommt die Augen verbunden und muss in die Mitte des Kreises. Ein oder mehrere Spieler sind die „Nachtfalter". Sie halten sich ebenfalls innerhalb des Kreises auf, dürfen aber sehen. Die Aufgabe der Fledermaus ist es, die Nachtfalter zu fangen. Die Fledermaus macht „piep", die Nachtfalter antworten mit „puup" – wie beim Ultraschallruf der echten Fledermaus. So kann sich die Fledermaus orientieren und die anderen jagen.

▶ Auch für das Spiel **„Fuchs und Hase"** brauchen wir mindestens 10 Teilnehmer. Zwei bis drei Spieler sind die „Füchse", die restlichen sind die „Hasen". Alle Spieler schließen die Augen oder lassen sich die Augen verbinden. Sie bewegen sich auf einem etwa 10x5 Meter großen, mit einem Seil abgesteckten Platz und laufen mit vorgestreckten Händen herum. Berühren sich zwei Spieler, sagen sich gegenseitig, was sie sind.

- Trifft ein Hase auf einen Hasen, bleibt jeder, was er ist;
- trifft ein Fuchs auf einen Hasen, wird der Hase zum Fuchs;
- treffen zwei Füchse aufeinander, so werden beide zu Hasen.

Man sollte das Spiel ab und zu unterbrechen, um nachzuzählen und zu notieren, wie viele Hasen und Füchse im Spiel sind. Man wird feststellen, dass weder Füchse noch Hasen aussterben, sondern sich immer wieder ein Gleichgewicht einstellt. Das Spiel veranschaulicht die Räuber-Beute-Beziehung und deren Gleichgewicht über das Nahrungsangebot. Gibt es viele Hasen, können sich die Füchse besser ernähren. Sind jetzt viele Füchse auf der Jagd, werden die Hasen weniger. So ist dann im darauf folgenden Jahr das Angebot für die Füchse kleiner, und auch sie werden weniger. Nun können sich die Hasen erholen, und der Kreislauf beginnt von neuem.

Spiele für die Winterwanderung

Bei jeder Winterwanderung empfiehlt es sich, eine Schaufel (aus dem Sandkasten) in den Rucksack zu packen. Den Kindern macht es großen Spaß, Höhlen in den Schnee zu graben oder einfach nur den Schnee mit der Schaufel durch die Luft zu schmeißen. Aber natürlich gibt es in der weißen Winterwelt noch viel mehr Spielmöglichkeiten.

▶ An kalten Tagen bietet es sich an, eine **Wärmeschnecke** zu bilden: Wir stellen uns in einer Reihe hintereinander und nehmen uns an der Hand. Nun beginnen wir uns wie eine Spirale einzudrehen, sodass wir ganz eng aneinander stehen. Für die innen Stehenden wird es kuschelig warm. Damit auch die außen Stehenden etwas von der Wärme abbekommen, drehen wir die Spirale auf und entgegengesetzt wieder zusammen.

▶ Für **Schnee-Völkerball** stecken wir ein Feld von etwa einem Meter Breite ab. Wir bilden zwei Mannschaften, die an entgegengesetzten Enden des Feldes stehen bleiben. In die Mitte des Feldes legen wir einen Luftballon. Ziel des Spieles ist es, den Luftballon mit Schneebällen aus dem Feld auf die Seite der gegnerischen Mannschaft zu schießen.

▶ **Weiß in Weiß** – das sieht man nicht. Oder doch? Ein Spieler versteckt 10 weiße Gegenstände, wie zum Beispiel ein Ei, Kreide, eine Feder, einen Tischtennisball, Taschentücher, im Schnee. Nun dürfen alle Kinder auf Suche gehen. Wer die meisten Sachen findet, darf bei der nächsten Runde verstecken.

▶ Oder wir veranstalten einen Wettbewerb um den **höchsten Schneeturm:** Zwei Gruppen von Spielern bauen um die Wette einen Schneeturm. Sie haben dafür 3 Minuten Zeit. Zum Schluss wird eine Fahne auf das fertige „Bauwerk“ gesteckt.

1) Chiemgau-Blick „von höchster Ebene"

Alpengasthof Hochberg

Der Alpengasthof Hochberg liegt auf der gleichnamigen Anhöhe bei Traunstein, einem der schönsten Aussichtspunkte im Chiemgau. Man hat hier freien Blick auf die umliegenden Berge. Von links nach rechts sehen wir Hochstaufen, Zwiesel, Watzmann, Rauschberg und die Loferer Steinberge, um nur die wichtigsten Erhebungen zu nennen. Nicht nur von der Lage her ist der Gasthof auf der Höhe, sondern auch, was die Qualität der Speisen und Getränke angeht. Das reichhaltige Speisenangebot beinhaltet auch vegetarische Gerichte, ebenso gibt es eine eigene Kinderkarte.
Die abwechslungsreiche Wanderung führt auf unserer 1. Etappe über einen Waldweg entlang des Hochberges bergauf. Am Ende des Waldes öffnet sich dann der Blick hinüber zum Chiemsee. Bei der 2. Etappe können wir zunächst den Weitblick nach Süden in die Chiemgauer Alpen genießen. Dann gehen wir durch ein Waldstück und später über weite Bergwiesen, vorbei an alten Bauernhöfen, bevor wir wieder auf die Strecke der 1. Etappe stoßen.

Anreise

Ab München Hauptbahnhof fahren stündlich durchgehende Züge nach Traunstein (Strecke München–Salzburg). In Traunstein steigen wir um in den Zug nach Ruhpolding und fahren eine Station bis Seiboldsdorf. Bitte sagen Sie dem Zugführer, dass Sie in Seiboldsdorf aussteigen möchten, da dies eine Bedarfshaltestelle ist. Die Fahrzeit von München nach Seiboldsdorf beträgt etwa 1 Stunde 40 Minuten.

Wir verlassen die A8 München–Salzburg an der Ausfahrt Siegsdorf/Traunstein. An der Ausfahrt fahren wir linker Hand Richtung Traunstein. Nach ca. 2,5 km folgen wir dem Wegweiser „Hochberg, Daxerau" rechter Hand. An der Rechtskurve steht unter den Bäumen ein Parkplatz zur Verfügung.

1. Etappe (Aufstieg)

Gehzeit: 1 Stunde 15 Minuten, 1 Stunde 10 Minuten
Höhendifferenz: 250 m bergauf (Summe aller Anstiege) und 70 m bergab

▶ Am Bahnhof Seiboldsdorf gehen wir entgegengesetzt der Fahrtrichtung des Zuges auf einem Weg für Radfahrer und Fußgänger entlang der Traun.

▶ An einer Wegkreuzung überqueren wir die Traun auf einer Brücke. Gleich danach folgen wir rechter Hand dem Schild „Waldweg Hochberg" durch die Unterführung unter der Hauptstraße hindurch.

▶ Nach der Unterführung achten wir wiederum auf die Beschilderung „Waldweg Hochberg" und gehen rechter Hand entlang der Straße auf einem asphaltierten Rad- und Fußweg weiter.

▶ Wir gehen rechter Hand entlang der Straße ohne Beschilderung.

▶ An einer Straßengabelung ignorieren wir den Wegweiser „Hochberg" linker Hand und gehen geradeaus in den Ortsteil Daxerau. An dessen Ende mündet die Straße in einen Rad-

Alpengasthof Hochberg (774m)

(2)

Besitzer: Familie Gruber, Hochberg 6, 83278 Traunstein

Telefon: 0861-4202

Öffnungszeiten: im Sommer Mittwoch ab 15 Uhr, Donnerstag bis Montag 8–24 Uhr; im Winter Donnerstag bis Montag 8–24 Uhr

Ruhetage: im Sommer Dienstag; im Winter Dienstag und Mittwoch

Betriebsurlaub: ab Beginn der Herbstferien in Bayern (Ende Oktober/Anfang November) bis Anfang Dezember

Spielplatz: Kletterwand, Rutsche, 1 Schaukel, 1 Wippe, 2 Wipppferde, 1 Eisenbahn, 1 Sandkasten

Übernachtungsmöglichkeit: 33 Betten in EZ, DZ, 3- und 4-Bett-Zimmern

Anfahrt zum Haus: An der Ausfahrt Siegsdorf/Traunstein fahren linker Hand Richtung Traunstein. Nach etwa 300m folgen wir rechter Hand dem Schild „Hochberg" in einigen Kehren bergauf.

Touren für Übernachtungsgäste:

▶ Uferweg von Chieming Richtung Seebruck: Gehzeit variierbar

▶ Inzell, Rundwanderweg um den Falkenstein: Gehzeit ca. 1 Stunde 45 Minuten

Anseilen der Kinder: nur an den Treppen des Aufstieges bedingt erforderlich

Kartenmaterial: Kompass Wanderkarte WK16 1:50000 „Traunstein–Waginger See"; topographische Karte 1:50000 „Chiemsee, Chiemgauer Alpen" des Bayer. Landesvermessungsamtes

Tourismusinfo: Tourist Information Traunstein, ✆0861-9869523, www.traunstein.de

KOMPASS
NR. 1 FÜR WANDERKARTEN
KOMPASS
Wander-, Bike- und Langlaufkarte 10
Chiemsee · Simssee
1:50 000
Mit KOMPASS Lexikon
ratiopharm
KOMPASS
Wander-, Bike- und Reitwegekarte 180
Starnberger See Ammersee
1:50 000
Mit KOMPASS Lexikon
ratiopharm
KOMPASS
Wander- und Bikekarte 183
Freising · Erding Markt Schwaben
1:50 000
Mit KOMPASS Lexikon
ratiopharm
www.kompass.at
...damit die Richtung stimmt!

Kurz bevor wir den Alpengasthof Hochberg erreichen, weitet sich der Blick über den Chiemsee.

und Fußweg, diesem folgen wir entlang der Hauptstraße, vorbei an einer Fußgängerunterführung.

▶ Der asphaltierte Rad- und Fußweg mündet in einen Wanderweg. Über viele Stufen kommen wir bergauf in den Wald, dem Schild „Waldweg Hochberg" folgend.

▶ Wir gelangen an einer Weggabelung auf einen Forstweg ohne Beschilderung, dem wir geradeaus folgen.

▶ An einer Wegkreuzung richten wir uns dem Schild „Waldweg Hochberg" und gehen geradeaus weiter. **Achtung:** Wir

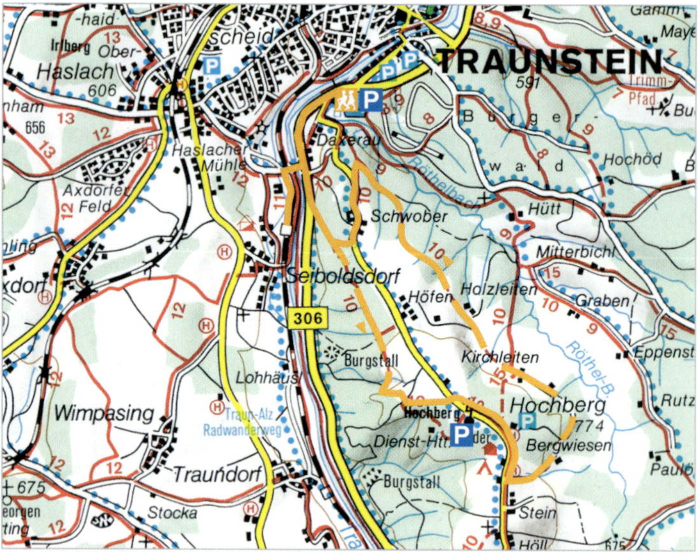

benützen nicht den Weg, an dem sich eine Bank befindet, sondern den Forstweg rechts daneben.

▶ An einer Linkskurve folgen wir dem Schild „Waldweg Hochberg" weiter bergauf.

▶ An einer Weggabelung gehen wir rechter Hand auf einem Wanderweg weiter, auch hier wieder auf die Beschilderung „Waldweg Hochberg" achten.

▶ An einer weiteren Weggabelung folgen wir nun linker Hand einem schmalen Wanderweg, immer noch mit der Ausschilderung „Waldweg Hochberg".

▶ An der dritten Weggabelung linker Hand wiederum dem Schild „Waldweg Hochberg" folgen; nach einigen Metern das Schild „Waldweg, Siegsdorfer Straße Traunstein" ignorieren und an dieser Weggabelung leicht rechts auf einem schmalen Wanderweg bergauf durch den Wald (Beschilderung: „Nr. 10") gehen.

▶ An einer Wegkreuzung gehen wir weiter geradeaus, wir richten uns wiederum nach der vertrauten Beschilderung „Waldweg Hochberg".

▶ Am Ende des Waldes führt der Wanderweg über eine Wiese: Danach gehen wir rechter Hand, dem Schild „Hochberg, Stein" folgend, noch einige

Meter auf der asphaltierten Fahrstraße bis zum Alpengasthof Hochberg.

2. Etappe (Abstieg)

Gehzeit: 1 Stunde 20 Minuten, 1 Stunde 15 Minuten
Höhendifferenz: 250 m bergab (Summe aller Abstiege) und 70 m bergauf

▶ Vom Gasthof aus folgen wir rechts der asphaltierten Fahrstraße (Beschilderung: „Hölln, Hinterwelln").

▶ An einer Gabelung der Straße folgen wir nun linker Hand dem Schild „Bergwiesen, Kirchleiten, Holzleiten".

▶ An einer weiteren Gabelung des asphaltierten Fahrwegs gehen wir geradeaus in den Wald (keine Beschilderung).

▶ Etwa 400 m nach dem Anwesen Kirchleiten 1 gehen wir an einer Gabelung des Fahrweges rechts. Der Weg ohne Beschilderung ist weitgehend eben.

▶ Wir passieren das Anwesen Holzleiten mit Scheune, Wohnhaus und Kapelle. Dahinter mündet der Fahrweg in einen weitgehend ebenen Forstweg.

▶ Am Anwesen Schwober am Berg gehen wir nun linker Hand einige Meter die asphaltierte Fahrstraße bergauf (keine Beschilderung).

▶ Etwa 50 Meter nach der Linkskurve der asphaltierten Fahrstraße, die durch eine Leitplanke gesichert ist, gehen wir rechter Hand auf einem Forstweg in den Wald, ohne Wegweiser, vorbei am Schild „Frei für Forstbetrieb".

▶ An einer Wegkreuzung folgen wir dem Schild „Waldweg Siegsdorfer Straße, Traunstein" rechter Hand bergab auf einem Wanderweg.

▶ Die restliche Wegstrecke ist identisch mit der 1. Etappe (Aufstieg).

Winterwanderung

Die Wege der 1. Etappe sind einige Tage nach Neuschnee getrampelt. Die Wege der 2. Etappe sind bis zum Abzweig unweit des Anwesens Schwober geräumt. Für ein kurzes Stück auf dem Forstweg müssen Sie eventuell selber spuren. Dann befinden wir uns wieder auf dem getrampelten Aufstiegsweg.

Lohnende Ziele in der Nähe

Nach der Tour der empfehlen wir einen Abstecher in das **Erlebniswarmbad Traunstein.** Riesenrutschen, Kinderplanschbecken, Mutter-Kind-Bereich sowie ein Beach-Volleyball-Feld sorgen hier für viel Abwechslung. Das Bad (✆0861-164744 oder 0861-164730) ist von Mai bis September geöffnet, auch an Schlechtwettertagen. Es liegt in unmittelbarer Nähe des Parkplatzes für die Wanderung. Wer mit dem Zug gekommen ist, geht vor der Fußgängerunterführung am Ende der Wanderung rechter Hand in den Ortsteil Daxerau. Dort folgt er der Straße etwa einen Kilometer weit geradeaus.

2) Kloster-Einkehr über dem Chiemsee

Klostergasthof Maria Eck

Der Klostergasthof Maria Eck liegt auf einem Vorberg des Hochfelln. Er besteht seit 1664 und wurde zunächst von Benediktinern geführt; seit 120 Jahren sind nun Franziskaner die Besitzer. Die vielen Gasträume sind sehr stilvoll und gemütlich eingerichtet, einige von ihnen haben einen Panormablick auf den gesamten Chiemsee. Auf der reichhaltigen Speisenkarte stehen Gerichte der bayerischen Küche ebenso wie Pizza- und Nudelgerichte. So nahe am Chiemsee darf natürlich auch Fisch nicht fehlen. Für die Kleinen gibt es eine gesonderte Kinderkarte.

Die Wanderung verläuft auf beiden Etappen über gepflegte und gut beschilderte Wege. Von der Bergwiese unweit der Fahrstraße nach Maria Eck geht der Blick weit nach Süden in das Tal der

Die Wallfahrtskirche Maria Eck liegt unweit des gleichnamigen Gasthofes.

Weißen Traun. Dahinter sehen wir den Rauschberg, den Hausberg der Ruhpoldinger, mit seinem von hier aus flach aussehenden Felsplateau. Daneben ragt das Sonntagshorn auf, der höchste Berg in den Chiemgauer Alpen.

Anreise

Ab München Hauptbahnhof und München Ost gibt es stündlich Zugverbindungen nach Traunstein (Strecke München–Salzburg). In Traunstein haben wir Anschluss an den Zug nach Ruhpolding, mit dem wir bis Eisenärzt fahren. Die Fahrzeit von München Hauptbahnhof bis Eisenärzt beträgt etwa 1 Stunde 50 Minuten.

Wir verlassen die A8 München–Salzburg an der Ausfahrt Traunstein/Siegsdorf und folgen den Wegweisern Richtung Ruhpolding geradeaus. Am Kreisverkehr fahren wir rechter Hand Richtung Ruhpolding bis nach Eisenärzt. In Eisenärzt biegen wir vor dem beschrankten Bahnübergang links ab zu den Parkplätzen am Bahnhof.

1. Etappe (Aufstieg)

Gehzeit: 45 Minuten
Höhendifferenz: 140m bergauf

▸ Wir überqueren den Bahnübergang und gehen zum Bahnhof Eisenärzt.

▸ An der Zimmernachweistafel überqueren wir die Hauptstraße und folgen dem mit „Maria Eck" beschilderten Fußweg bergauf in den Wald.

▸ An einer Weggabelung nehmen wir den breiten Wanderweg rechts bergauf. Er ist beschildert mit „Maria Eck Rundweg".

▸ An einer weiteren Weggabelung folgen wir linker Hand wiederum dem Schild „Maria Eck Rundweg".

▸ Wir kommen an eine Kreuzung des Wanderweges und richten uns nach dem Schild „Maria Eck". Der Weg führt bergauf.

▸ Wir überqueren nun die Fahrstraße nach Maria Eck und gehen nur einige Meter weglos über einen Wiesenstreifen zu einem Wanderweg, dem wir linker Hand bergauf in den Wald folgen. Wir achten dabei auf die Beschilderung „Maria Eck" und gelangen entlang der Fahrstraße zum Klostergasthof.

2. Etappe (Abstieg)

Gehzeit: 1 Stunde 10 Minuten
Höhendifferenz: 140m bergab

▸ Bis zur Überquerung der Fahrstraße nach Maria Eck ist der Abstieg identisch mit dem Aufstieg.

▸ Nachdem wir die Fahrstraße nach Maria Eck überquert haben, richten wir uns nach dem Schild „Ruhpolding" und folgen dem Wanderweg bergab.

▸ An einer Kreuzung des Wanderweges beachten wir die Wegweisung „Ruhpolding" und gehen rechter Hand bergab. **Achtung:** Wenn die Kühe auf der angrenzenden Weide sind, müssen wir für wenige Meter den Forstweg, der mitten über die Weide führt, verlassen und entlang des Weidezaunes weitergehen.

▶ An einer Weggabelung folgen wir einem Forstweg scharf links entlang des Diesselbaches. **Achtung:** Das Schild „Eisenärzt“ zeigt hier in falscher Richtung auf die gegenüberliegende Bachseite.

▶ Am Ortseingang von Eisenärzt unterqueren wir die Hauptstraße auf einem Weg für Radfahrer und Fußgänger.

▶ Wir folgen dem Rad- und Fußweg entlang der Hauptstraße zum Bahnhof Eisenärzt. Nach etwa 500 Metern ist unser Ausgangspunkt wieder erreicht.

Winterwanderung

Wir empfehlen die Route der 1. Etappe auch für den Abstieg. Einige Tage nach Neuschnee ist dieser Weg getrampelt.

Rodelabfahrt

Anreise:

🚂 Die Anreise mit öffentlichen Verkehrsmitteln ist nur an Werktagen möglich! Wir fahren mit dem Zug nach Traunstein (Strecke München–Salzburg). Von hier gibt es montags bis freitags, an Samstagen nur bis zum frühen Nachmittag, wenige Fahrmöglichkeiten mit Bus 9514 zur Talstation der Hochfelln-Seilbahn nach Bergen. Fahrplanauskunft unter ✆0861-708630 oder www.rvo-bus.de.

🚗 Wir verlassen die A8 München–Salzburg an der Ausfahrt Bergen und folgen über Bernhaupten den Wegweisern nach Bergen. In Bergen richten wir uns nach den Wegweisern zur Hochfelln-Seilbahn. An der Talstation stehen Parkplätze zur Verfügung.

Aufstieg (Gehzeit ca. 1 Stunde):

▶ Wir richten uns an der Talstation der Hochfellnbahn nach dem Wegweiser „Maria Eck“ und passieren auf einem Fahr-

Klostergasthof Maria Eck (820 m)

(4)

Besitzer: Franziskanerkloster Maria Eck
Anschrift: Klostergasthof Maria Eck, Maria-Eck-Straße 3, 83313 Siegsdorf
Telefon: 08662-9396
Öffnungszeiten: 7–21 Uhr
Ruhetag: Montag außer Feiertag
Betriebsurlaub: nach Dreikönig bis Mitte Februar
Übernachtungsmöglichkeit: 32 Betten in EZ, DZ mit Zustellbett möglich
Anfahrt zum Haus: Wir verlassen die A8 München–Salzburg an der Ausfahrt Schweinbach und folgen von dort den Wegweisern nach Maria Eck.
Tour für Übernachtungsgäste: Mittelstation der Hochfelln-Bergbahn (900 m): Gehzeit 1 Stunde 40 Minuten, komibinierbar mit Bergfahrt zum Gipfel. Info: ✆08662-8511 oder -8189, www.hochfellnseilbahn.de
Anseilen der Kinder: lediglich im Bereich des Diesselbaches auf der 2. Etappe bedingt erforderlich
Kinderwagentauglichkeit: ja, wenn Weg schneefrei ist; nur im ersten Anstieg steil, sonst mäßige Steigung
Kartenmaterial: Kompass Wanderkarte WK 14 1:50 000 „Berchtesgadener Land – Chiemgauer Alpen"; topographische Karte 1:50 000 „Chiemsee, Chiemgauer Alpen" des Bayer. Landesvermessungsamtes
Tourismusinfo: Gemeinde Siegsdorf, ✆08662-4987-48, www.siegsdorf.de

weg zunächst eben den Sportplatz des EC Bergen.

▸ Wir folgen nun rechter Hand bergauf auf dem Fahrweg dem Wegweiser „Maria Eck".

Abfahrt: Sie erfolgt auf dem zuvor beschriebenen Aufstiegsweg für Rodler und dauert ca. 15 Minuten.

Lohnende Zwischenstationen

Die **Bergwallfahrtskirche Maria Eck** wurde 1626 erbaut und im folgenden Jahr eingeweiht. Sie steht auf einem Vorberg des Hochfelln, hoch über dem Chiemsee.

Lohnende Ziele in der Nähe

Nach der Tour empfehlen wir denen, die mit dem Auto gekommen sind, einen Abstecher nach Chieming an die Seepromenade. Hier hat man einen einmaligen Blick über den Chiemsee hinüber zu den Chiemgauer Alpen.

2 WOCHEN
AUF UNSERE
KOSTEN
JETZT 14 TAGE
KOSTENLOS
PROBELESEN!
TEL. 0 80 31 /2 13 -2 30
FAX 0 80 31 /2 13 -2 36
VERTRIEB@OVB.NET
Oberbayerisches Volksblatt
Rosenheimer Zeitung
Lesen, verstehen
und entscheiden

3) Gegenüber Hochfelln und Hochgern

Staffn-Alm

Die Staffn-Alm liegt am Fuße des Großstaffen unweit der Bergstation der Hochplattenbahn. Von der nach Südosten ausgerichteten Terrasse geht der Blick hinüber zu den bekannten Bergen der Chiemgauer Alpen. So sehen wir den Hochfelln, den Hochgern und die Hörndlwand. Wenn wir noch etwas die Bergwiese hinter dem Haus hinaufsteigen zum Staffn-Rundweg rechter Hand, können wir sogar die Felskette der Leoganger Steinberge erkennen.
Der Berggasthof wird seit 1977 als Familienbetreib geführt. Neben warmen Gerichten aus der bayerischen Küche gibt es ebenso leckere bayerische Brotzeiten sowie hausgemachte Kuchen und Schnäpse.
Was die Gehzeit und Höhenmeter angeht, ist die Wanderung für jene Familien geeignet, die sich etwas mehr vornehmen wollen. Sie führt, zumeist auf idyllischen Wanderwegen, durch tiefe Misch- und Nadelwälder.

Bei der Anfahrt nach Grassau erhebt sich eindrucksvoll der Hochgern über der Ebene.

Vom Parkplatz geht es zunächst gemächlich bergauf. Ab der Rachelalm wird es dann immer steiler. Wir wandern hier über eine Bergwiese mit Blick in die Chiemgauer Alpen, bevor wir dann im Wald den Schlussanstieg nehmen – ein Abschnitt, auf dem ein genaues Lesen der Wegbeschreibung erforderlich ist, da es keine Beschilderung gibt. Das gilt aber nur für dieses Wegstück. Ansonsten ist die Tour gut beschildert.
Im Winter lockt die Rodelbahn, die gut geräumt und präpariert ist. Allerdings wird sie auch recht schnell eisig, da die Möglichkeit der Auffahrt mit der Hochplattenbahn für stets regen Betrieb sorgt.

Anreise

🚂 Mit dem Zug fahren wir bis Prien am Chiemsee an der Bahnstrecke München–Salzburg (ca. 60 Minuten Fahrzeit ab München Hauptbahnhof). Von dort nehmen wir den RVO-Bus der Linie 9505 Richtung Reit im Winkl bis Kucheln, das ist eine Station vor Grassau Kirchplatz (Fahrplanauskunft: ✆09604-1008, www.rvo-bus.de).

🚗 Wir verlassen die A8 München–Salzburg an der Ausfahrt Bernau. Dort biegen wir links in die Hauptstraße ein und fahren durch die Orte Bernau und Rottau nach Grassau (Wegweisung „Reit im Winkl"). Am Ortseingang von Grassau richten wir uns an einer Linkskurve nach dem Wegweiser „Bergbadstüberl" rechter Hand und biegen in die Straße „Hinterm Bichl" ein, über die wir bergauf bis zum Bergbadstüberl gelangen. Danach folgen wir dem asphaltierten Fahrweg bis zu dessen Ende am Wanderparkplatz. Die Gebühr für die Benutzung dieses Privatparkplatzes ist in einem Metallkasten zu hinterlegen.

1. Etappe (Aufstieg)

Gehzeit: 🚂 2 Stunden 10 Minuten, 🚗 1 Stunde 45 Minuten
Höhendifferenz: 🚂 510 m bergauf, 🚗 480 m bergauf

🚂 ▼

▶ Von der Bushaltestelle gehen wir entlang der Hauptstraße, entgegengesetzt der Fahrtrichtung unseres Busses.

▶ Wir biegen linker Hand in die Straße „Hinterm Bichl" ein und folgen einem asphaltierten Fahrweg mit der Beschilderung „Bergbadstüberl", der zunächst eben verläuft.

▶ Der asphaltierte Fahrweg führt nun bergauf, wir richten uns erneut nach dem Schild „Bergbadstüberl".

▶ Am Bergbadstüberl richten wir uns an einer Gabelung nach dem Schild „Rundweg, Panoramaweg" und folgen rechter Hand einem Forstweg etwa 30 Meter. Dann biegen wir an einer Parkbank in den Wanderweg ein (keine Beschilderung).

▶ An einer Gabelung des Wanderweges gehen wir links dem

Staffn-Alm (1050 m)

(*)

(1)

(* bei Auffahrt mit dem Lift ohne Begrenzung)

Besitzer: Hans und Rita Scheid

Anschrift:
Am Wetterkreuz 10,
83250 Marquartstein

Telefon: 08641-7740

Öffnungszeiten: 8–17 Uhr

Ruhetag: keiner

Betriebsurlaub: Montag nach letztem Sonntag im Oktober bis Weihnachten; Montag nach drittem Sonntag im März bis 30.4.

Spielplatz: 1 Rutsche, 2 Schaukeln, 1 Sandkasten, 1 Bulldog, 1 Trampolin, 2 Wippen, Bergwiese

Anseilen der Kinder: an einigen Wegstücken im Wald, die Steilhänge queren, bedingt erforderlich

Kinderwagentauglichkeit: nur auf dem Aufstiegsweg des Winterweges, wenn er schneefrei ist; mäßige Steigung

Kartenmaterial: Kompass Wanderkarte 792 1:30000 „Chiemsee–Simssee"; topographische Karte 1:50000 „Chiemsee, Chiemgauer Alpen" des Bayer. Landesvermessungsamtes

Tourismusinfo: Tourist-Info Marquartstein, ✆08641-699558, www.marquartstein.de

Schild „Hefteralm, Strehtrumpf" folgend über einige Stufen in Kehren bergauf.

▶ Über eine Stufe überqueren wir nun einen Holzzaun und gehen in einer weiten Rechtskurve die Bergwiese bergauf.

▶ Wir überqueren den Weidezaun zum Wanderparkplatz.

▼

▶ Am Wanderparkplatz gehen wir linker Hand (für Autofahrer: entgegengesetzt der Richtung, in der wir gekommen sind) nur einige Meter auf dem asphaltierten Fahrweg. Dann folgen wir rechts einem Wanderweg mit der Beschilderung „Zeppelinhöhe, Grassauer Almen".

▶ An einer Gabelung des Wanderweges folgen wir dem Schild „Zeppelinhöhe" geradeaus.

▶ An einer weiteren Gabelung des Wanderweges folgen wir dem Schild „Zeppelinhöhe, Grassauer Almen" rechts bergauf.

▶ Nachdem der Wanderweg einen Bach überquert hat, folgen wir an einer Weggabelung rechts einem Wanderweg mit der Beschilderung „Berggasthof Staffn-Alm" in vielen Kehren leicht bergauf.

▶ Wir gelangen nun auf einen

Forstweg. Hier richten wir uns nach dem Schild „Grassauer Almen, Hochplatte" rechter Hand und kommen auf einen Forstweg. Einen kurz darauf bergauf abzweigenden Wanderpfad ignorieren wir und bleiben auf dem Forstweg.

▶ Wir gehen nun über einen Weiderost weiter geradeaus auf dem Forstweg ohne Beschilderung bergauf.

▶ An einer Weggabelung des Forstweges nehmen wir den linken Forstweg über einen Weiderost bergauf (keine Beschilderung).

▶ An der Rachelalm folgen wir linker Hand über ein Gatter einem Wanderweg mit der Beschilderung „Bergstation Lift".

▶ Wir überqueren ein weiteres Gatter und gehen über eine Bergwiese bergauf (keine Beschilderung).

▶ Wir überqueren noch ein Gatter, kommen in den Wald und stoßen auf eine Wegkreuzung. Hier laufen fünf Wanderpfade zusammen. Wir können den linken Wanderpfad nehmen, der bergauf führt, oder den danebenliegenden mittleren Wanderpfad. Beide kommen weiter oben wieder zusammen.

▶ Unweit der Bergstation folgen wir dem Wegweiser „Staffnalm" auf einem Wanderweg bergauf. Hier befindet sich auch die Rampe für Drachenflieger.

2. Etappe (Abstieg)

Gehzeit: 1 Stunde 40 Minuten, 1 Stunde 15 Minuten
Höhendifferenz: 510 m bergab, 480 m bergab

▶ Der Abstieg erfolgt auf der gleichen Route wie der Aufstieg.

Rundwanderweg um den Staffen

Nach dem Aufstieg und der Einkehr können Sie den Großstaffen auf einem gut beschilderten Wanderweg umrunden (Gehzeit etwa 1 Stunde, Höhendifferenz

110 m bergauf, 110 m bergab). Sollte Ihnen oder Ihren Kindern der Abstieg zu viel werden, können Sie nach der Umrundung des Großstaffen mit der Hochplattenbahn (✆08641-7216, www.hochplattenbahn.de) abfahren und mit Taxi-Gschlößl (✆0160-90662439) zum Ausgangspunkt zurückkehren.

Winterwanderung

Bitte beachten Sie, dass vor allem an Wochenenden bei entsprechender Schneelage starker Rodelbetrieb herrscht. Ebenso kann dann der Weg einige Tage nach Neuschnee auch eisig werden. Der Ausflug ist nur mit dem eigenen Pkw sinnvoll.

Anreise: 🚗 Wir verlassen die A8 München–Salzburg an der Ausfahrt Bernau. Dort biegen wir links in die Hauptstraße ein und gelangen über Bernau und Rottau nach Grassau, der Wegweisung nach Reit im Winkl folgend. In Grassau fahren wir am Kreisverkehr geradeaus Richtung Marquartstein. Nach ca. 500 m geht es an einer Straßengabelung geradeaus, wir richten uns nach dem Schild „Niedernfels, Hochplattenlifte“. In Piesenhausen folgen wir rechter dem Wegweiser „Hochplattenbahn“ bis zur Talstation.

Aufstieg (Gehzeit 1 Stunde 20 Minuten): Von der Talstation folgen wir auf einem Forstweg bergauf den Schildern „Staffn-Alm“ in vielen Kehren bis zum Berggasthaus Staffn-Alm.

Abstieg: Der Abstieg erfolgt auf der gleichen Route wie der Aufstieg.

Rodelabfahrt

Anreise: Die Anreise ist identisch mit der unter „Winterwanderung“ für Autofahrer beschriebenen.

Aufstieg (Gehzeit 1 Stunde 20 Minuten): Wir gehen von der Talstation auf einem Forstweg, den Schildern „Staffn-Alm“ folgend, in vielen Kehren bis zum Berggasthaus Staffn-Alm. Alternativ kann man die Hochplattenbahn für eine mehrmalige Abfahrt benützen. (✆08641-7216, www.hochplattenbahn.de)

Abfahrt: Die Abfahrt erfolgt auf dem oben beschriebenen Aufstiegsweg für Rodler. Sie dauert etwa 20 Minuten.

Lohnende Ziele in der Nähe

Nach der Tour lohnt ein Abstecher in den Märchen-Erlebnispark Marquartstein unweit der Talstation der Hochplattenbahn. Neben einer Sommerrodelbahn warten zahlreiche weitere Attraktionen wie eine Gaudigondel, ein Märchenpark, eine Eisenbahn und vieles mehr. Geöffnet ist der Park Ostern bis Anfang November von 9 bis 18 Uhr (Einlass bis 17 Uhr).

Informationen erhalten Sie telefonisch unter 08641-7105 oder im Internet unter www.maerchenpark.de

4) Kufstein, Inn und Kaiser grüssen

Wildbichlalm

Eingebettet zwischen sonnigen Bergwiesen am Fuße des Wandberges liegt die Wildbichlalm. Das Panorama auf der Südterrasse ist einmalig. So geht der Blick vom Zahmen Kaiser und den Kitzbühler Grasbergen im Osten über die Gipfel des Alpbachtales hinüber auf die westliche Innseite. Dort können wir den Pendling, das Rofangebirge im Hintergrund sowie Trainsjoch, Brünnstein, den Großen Traithen und den Wendelstein erkennen. Da schmeckt die Tiroler Küche, vor allem die hausgemachte Kaspressknödelsuppe ist besonders zu empfehlen.
Der Aufstieg führt im unteren Teil durch lichte Mischwälder. Hier ist das Gehen besonders angenehm, weil sich kühlender Schatten mit einzelnen Sonnenstrahlen abwechselt, die immer wieder durch das Blätterdach fallen. In diesem Abschnitt müssen wir mehrmals Zäune auf kleinen Treppen überqueren. Im weiteren Verlauf des Weges öffnet sich dann der Blick immer weiter über das Inntal. Ganz unten im Tal können wir die Orte Kiefersfelden und Kufstein erkennen. Der Inn macht hier eine große Schleife.
Auch beim Abstieg können wir dieses Panorama noch lange genießen. Im Tal gehen wir dann ein Stück des Öko-Kulturweges. Hier ist auf einigen Tafeln vieles über die kulturellen und ökologischen Besonderheiten der Region zu erfahren. Ebenso kommen wir auf Teile des „Grenzenlos-Wanderweges", der Bayern mit Tirol verbindet. Sind wir an unserem Ausgangspunkt wieder angelangt, dem Wanderparkplatz Müllner-Alm, können wir uns dort die Hälfte der Parkgebühr auf den Verzehr der hausgemachten Strudel und der leckeren Brotzeitplatten anrechnen lassen.

Anreise

Die Anreise mit öffentlichen Verkehrsmitteln ist nur an Werktagen möglich! Von Prien am Chiemsee (Bahnstrecke München–Salzburg) fahren wir mit der „Chiemgaubahn" nach Aschau. Von dort verkehrt die Buslinie 9502 nach Sachrang-Ort. Der Download des Busfahrplans (mit Hinweisen auf die Anschlüsse von und zur Chiemgaubahn) ist möglich unter www.rvo-bus.de/pdffiles/9502.pdf.

Wir verlassen die A8 München–Salzburg bei der Ausfahrt

Frasdorf und fahren von dort nach Aschau. In Aschau folgen wir dem Wegweiser Richtung Kufstein/Sachrang. Nach ca. 8 km kommt die Ortschaft Sachrang, die wir rechts liegen lassen. Gleich hinter Sachrang folgen wir dem Wegweiser „Aschach" linker Hand zur Müllner-Alm. Dort steht ein gebührenpflichtiger Wanderparkplatz zur Verfügung, wobei ein Teil der Parkgebühr als Verzehrbon in der Müllner-Alm eingelöst werden kann.

1. Etappe (Aufstieg)

Gehzeit: 1 Stunde 15 Minuten, 50 Minuten
Höhendifferenz: 400 m bergauf

▶ Wir gehen in Sachrang die Straße vorbei am Hotel Post in südlicher Richtung.
▶ Nach ca. 100 m biegen wir linker Hand auf einen Schotterweg ein (Wegweiser „Grenzenlos-Wanderweg – Aschach").
▶ Wir überqueren die Staatsstraße Aschau – Kufstein und biegen rechts auf einen Rad- und Fußweg ein (keine Beschilderung).
▶ Wir folgen dem Schild „Aschach" linker Hand zum Wanderparkplatz am Müllner-Stüberl.

▶ Dem asphaltierten Fahrweg zum Müllnerhof folgen.
▶ An dem Holzschild „Wildbichlalm" gehen wir rechts auf einem Forstweg steil bergauf.
▶ Nach einer Linkskurve passieren wir ein Gatter, danach folgt eine Weggabelung; wir nehmen den rechten Weg.
▶ Der Schotterweg macht nun eine scharfe Rechtskurve, an der wir dem Schild „Wildbichlalm" folgen.
▶ An einer Almwiese mündet der Schotterweg in einen Wanderpfad, der in den Wald führt.
▶ An einer Gabelung im Wald folgen wir dem Schild „Wildbichlalm" linker Hand.
▶ An einer nicht beschilderten Weggabelung gehen wir rechts bergauf in den Wald und folgen der roten Markierung.
▶ Am Ende des Waldstückes gelangen wir auf einen Wiesenpfad, dem wir bergauf folgen.
▶ Wir erreichen die Kehre eines Forstweges, auf dem wir wiederum bergauf weitergehen.
▶ Der Forstweg führt in einigen weiteren Kehren bis zur Wildbichlalm.

2. Etappe (Abstieg)

Gehzeit: 1 Stunde 20 Minuten, 55 Minuten
Höhendifferenz: 400 m bergab

▸Wir gehen den Forstweg in vielen Kehren bergab.

▸Ca. 50 m nach der Schranke, an einer Kehre des Forstweges, gehen wir einen Wanderweg rechter Hand bergab und folgen dem Schild „Sachrang".

▸Am asphaltierten Fahrweg folgen wir dem Schild „Sachrang". Der Weg führt bergauf, vorbei an einigen Bauernhöfen, und mündet in einen Schotterweg.

▸Wir passieren nun die Grenze zwischen Bayern und Tirol und kommen in ein Feriendorf, das wir auf einer Teerstraße durchqueren.

▸Am Ende des Feriendorfes, an einer scharfen Linkskurve der Teerstraße, biegen wir nun rechts ab (keine Beschilderung). Gleich darauf folgt eine Weggabelung. Wir nehmen den mittleren Wanderweg, der an einem Sportplatz vorbeiführt.

▸Durch ein Gatter folgen wir nun dem Schild „Grenzenlos-Wanderweg–Sachrang" zum Wanderparkplatz.

▸Die restliche Wegstrecke ist identisch mit der 1. Etappe.

Winterwanderung

Anreise: Wir fahren von Sachrang Richtung Kufstein

Wildbichlalm (1040 m)

(1)

Inhaber: Gottfried Kofler
Anschrift: Wildbichlalm, A-6342 Rettenschöss
Telefon: 0043-664-5403205
Öffnungszeiten: im Sommer Dienstag bis Samstag von 9 Uhr bis der letzte Gast geht, Sonntag 9–19 Uhr; im Winter Dienstag bis Sonntag 9–19 Uhr – in schneearmen Wintern ist es ratsam, vorher anzurufen!
Ruhetag: Montag
Betriebsurlaub: 1.12.–26.12.
Spielplatz: Almwiese
Anseilen der Kinder: bei der 1. Etappe der Sommerwanderung im Bereich des Wanderweges im Wald erforderlich
Kinderwagentauglichkeit: nur auf Winterweg, wenn er schneefrei ist; kurzes Steilstück, dann mäßige Steigung
Kartenmaterial: Kompass Wanderkarte WK9 1:50000 „Kaisergebirge"; topographische Karte 1:50000 „Chiemsee und Umgebung" des Bayer. Landesvermessungsamtes
Tourismusinfo: Gemeinde Niederndorf, ✆0043-5373-61377, www.niederndorf.com

Kurz vor der Wildbichlalm öffnet sich der Blick auf die Felsen des Zahmen Kaisers.

und passieren die Grenze zu Österreich. Ca. 1km weiter folgen wir dem Schild „Wildbichlalm" linker Hand. An einer Straßengabelung fahren wir dann rechts Richtung „Rettenschöss" (Wegweiser). Hier steht ein Wanderparkplatz zur Verfügung. Da die Straße im Winter nur geräumt, aber nicht gestreut wird, ist Winterausrüstung erforderlich.

Aufstieg (Gehzeit ca. 50 Minuten): Wir gehen die Fahrstraße ca. 200m zurück. Dann biegen wir an einer Weggabelung rechts in die Forststraße ein, die in einigen Kehren zur Wildbichlalm führt. Der **Abstieg** erfolgt auf dem gleichen Weg.

Rodelabfahrt

Anreise und **Aufstieg** sind gleich wie bei der Winterwanderung. Die **Abfahrt** erfolgt ebenfalls auf dem gleichen Weg und dauert ca. 15 Minuten.

Lohnende Ziele in der Nähe

Nach der Tour empfehlen wir Ihnen – sofern Sie mit dem Auto kommen – einen Abstecher zum Natur- und Wildpark Wildbichl. Hierzu fährt man vom Ausgangspunkt unserer Sommerwanderung ca. 2km Richtung Kufstein über die Grenze. Auf etwa 80000qm Gehegefläche können wir hier Damwild, Luchse, Gämsen und Schnee-eulen bestaunen. Der Wildpark (✆0043-5373-62233) ist ganzjährig geöffnet. im Sommer täglich von 9–18 Uhr, im Winter täglich außer Dienstag von 10–16 Uhr. Im Gasthof Wildbichl gibt es nochmals eine Einkehrmöglichkeit.

5) Almwiesen zwischen Laubenstein und Riesenberg

Frasdorfer Hütte

Die Frasdorfer Hütte liegt auf einem Hochplateau zwischen Hammerstein, Laubenstein, Spielberg und Riesenberg. Hier tummeln sich im Sommerhalbjahr die Murmeltiere.
Die Speisenkarte der Küche ist abwechslungsreich und reichhaltig. Daneben gibt es auch einige Sorten hausgemachten Kuchen. An den Wochenenden treten hier abends manchmal Musikgruppen auf.
Die Wanderung verläuft im Aufstieg abwechselnd auf Forst- und Wanderwegen. Die hohen Bäume des Mischwaldes spenden an warmen Tagen viel Schatten. Zudem begleitet uns das Rauschen des Bergbaches fast auf der gesamten Tour.
Nach der Mittagspause empfehlen wir einen kurzen Abstecher auf den Wanderweg

Murmeltiere sind auf den Bergwiesen zwischen Frasdorfer Hütte und Hofalm häufige Gäste

zwischen Hofalm und Riesenhütte. Hier steht ein alter Kalkofen. Dort brannte man früher den Kalk, der für das Weißeln der Fassaden benutzt wurde. Beim Abstieg beeindrucken die weiten Almwiesen. Deutlich erkennen wir das schroffe Massiv der Kampenwand. Am Waldrand lädt eine kleine Kapelle zur Besinnung ein.

Anreise

Von Rosenheim, das aus allen Richtungen eine gute Bahnanbindung hat, gelangt man werktags mit den Busse der RVO-Linien 9494 (Rosenheim–Prien) und 9496 (Rosenheim–Aschau) nach Frasdorf (Down load der Fahrpläne unter www.rvo-bus.de/pdffiles/9494.pdf bzw. 9496.pdf). An Sonn- und Feiertagen gibt es nur die Möglichkeit, mit dem Zug nach Prien (Bahnstrecke München–Salzburg) und dann mit der „Chiemgaubahn" weiter bis Aschau zu fahren. Von dort kann man sich per Taxi (Taxi Gschlößl, ✆0160-90662439) zum Wanderparkplatz Lederstube bringen lassen. Wir gehen dann die Variante unserer Tour, die unten für Autofahrer beschrieben ist.

Wir verlassen die A8 München–Salzburg bei der Ausfahrt Frasdorf. Von dort fahren wir in westlicher Richtung in den Ort. Hier biegen wir gegenüber der Kirche links ab, Richtung Frasdorfer Hütte und Lederstube. An einer Gabelung der kleinen

Fahrstraße geht es rechts weiter, immer Richtung Frasdorfer Hütte und Lederstube, bis wir leicht bergauf den Wanderparkplatz Lederstube erreicht haben.

1. Etappe (Aufstieg)

Gehzeit: 1 Stunde 20 Minuten, 55 Minuten
Höhendifferenz: 370 m bergauf, 340 m bergauf

In Frasdorf gehen wir in Richtung Kirche auf der Hauptstra-

Frasdorfer Hütte (945m)

Besitzer: Familie Thaurer
Anschrift: Spöck 9, 83229 Aschau im Chiemgau
Telefon: 08052-5140
Internet: www.frasdorfer-huette.de
Öffnungszeiten: im Sommer Mittwoch bis Samstag 10–24 Uhr, Sonntag 10–18 Uhr; im Winter Mittwoch bis Freitag 17–24 Uhr, Samstag 10–24 Uhr, Sonntag 10–18 Uhr
Ruhetage: Montag und Dienstag (außer an Feiertagen)
Betriebsurlaub: letzte Novemberwoche
Spielplatz: 2 Schaukeln, 1 Swingbrett, Wasserspielplatz
Übernachtungsmöglichkeit: 8 Betten in EZ, DZ und 4-Bett-Zimmern; 46 Lagerplätze in 10er-, 12er- und 13er-Lager
Anfahrt zum Haus: nicht möglich; auch kein Gepäcktransport
Touren für Übernachtungsgäste:
- Riesenhütte (1350m): Gehzeit 1 Stunde 30 Minuten
- Klausenhütte (1508m) über Predigtstuhl und Klausenberg (1554m): Gehzeit 2 Stunden 30 Minuten

Anseilen der Kinder: auf einer kurzen Strecke der 1. Etappe in Höhe des Erdrutsches
Kinderwagentauglichkeit: nur auf Winterweg, wenn er schneefrei ist; großenteils mäßige Steigung, Schlussanstieg kurzzeitig steil
Kartenmaterial: Kompass Wanderkarte WK10 1:50000 „Chiemsee–Simssee“; topographische Karte 1:50000 „Chiemsee und Umgebung“ des Bayer. Landesvermessungsamtes
Tourismusinfo: Gemeinde Frasdorf, ✆08052-1796-25, www.frasdorf.com

ße, dem Autowegweiser „Prien am Chiemsee“ folgend.

▸ Gegenüber der Kirche folgen wir nun dem Wegweiser „Sagberg–Lederstube“ auf einer kleinen Fahrstraße leicht bergauf.

▸ An einer Gabelung der Fahrstraße richten wir uns nach dem Wegweiser „Frasdorfer Hütte–Lederstube“ und gehen rechts, immer leicht bergauf, bis zum Wanderparkplatz Lederstube.

▸ Ab dem Wanderparkplatz gehen wir auf der asphaltierten Fahrstraße bergauf.

▸ An einer Weggabelung nehmen wir links den Forstweg, der in den Wald führt und mit „Frasdorfer Hütte“ ausgeschildert ist.

▶ Wir folgen ihm ca. 2,5 km leicht bergauf.
▶ Kurz bevor die Forststraße leicht bergab führt und den Bach überquert, biegen wir linker Hand auf einen Wanderweg ohne Beschilderung ab.
▶ An einem kleinen Erdrutsch ist der Wanderweg unterbrochen. Wir umgehen diese Stelle auf einem kleinen Pfad oberhalb, der uns wieder auf den Wanderweg zurückführt.
▶ Wir überqueren geradeaus ein Gatter und ignorieren das Schild „Sagberg" linker Hand.
▶ Wir überqueren einen Bach und ein weiteres Gatter und gelangen auf einen Forstweg, dem wir linker Hand bergauf folgen.
▶ An einer Gabelung des Forstweges gehen wir weiter geradeaus bergauf Richtung „Frasdorfer Hütte" (Wegweiser).
▶ An einer Rechtskurve des Forstweges gehen wir geradeaus entlang des Baches, vorbei an einer Almhütte.
▶ Auf einem Wanderweg gelangen wir bergauf in den Wald.
▶ Im Wald biegen wir nach einem Gatter scharf rechts in einen Wanderpfad ein, auf dem wir steil bergauf die letzten Meter zur Frasdorfer Hütte zurücklegen.

2. Etappe (Abstieg)

Gehzeit: 🚂 1 Stunde 20 Minuten, 🚗 55 Minuten
Höhendifferenz: 🚂 400 m bergab und 30 m bergauf, 🚗 370 m bergab und 30 m bergauf

🚂🚗 ▼

▶ An einer Gabelung des Forstweges, kurz nach der Frasdorfer Hütte, gehen wir rechts durch eine Schranke (keine Beschilderung).

▶ An einer Gabelung des Forstweges folgen wir links dem Schild „Winterstube, Kräuterwiese".

▶ An einer Weggabelung biegen wir in den Wiesenpfad bergauf ein, der mit „Kräuterwiese, Grainbach" beschildert ist.

▶ Nach ca. 100 m folgen wir an einer Wegkreuzung dem Wiesenpfad bergab Richtung „Zellboden" (Wegweiser).

▶ Wir gehen kurzzeitig auf einem Forstweg, dann wieder auf einem Wiesenpfad, geradeaus bergab, zur Kapelle am Waldrand.

▶ Wir überqueren ein Gatter, kommen in den Wald und folgen dem Wanderweg bergab (keine Beschilderung).

▶ Der Wanderweg mündet nun in einen Forstweg. Hier gehen wir rechts über ein Gatter ein kleines Stück auf dem Forstweg Richtung Frasdorfer Hütte.

▶ An einer schwachen Rechtskurve des Forstweges biegen wir links ab, wiederum über ein Gatter, und überqueren einen Bach. Jetzt sind wir wieder auf unserem Weg der 1. Etappe.

▶ Diesem folgen wir bis zurück zum Ausgangspunkt.

Winterwanderung

Die Wege sind geräumt. Wer mit dem Bus kommt, folgt bis zur Lederstube dem oben beschriebenen Aufstiegsweg. Ab dem Wanderparkplatz gehen wir auf der asphaltierten Fahrstraße bergauf. An einer Weggabelung biegen wir links in den Wald auf einen Forstweg ein, dem Schild „Frasdorfer Hütte" folgend, auf dem wir bergauf weitergehen bis zur Frasdorfer Hütte (Gehzeit ab Wanderparkplatz etwa 55 Minuten). Der Abstieg ist hier identisch mit dem Aufstieg. Im Winter ist dieser Weg allerdings, gerade am Wochenende, stark frequentiert durch Rodler und Skitourengeher.

Rodelabfahrt

Anreise: Wir empfehlen grundsätzlich die Anreise mit Pkw, da die Anreise mit ÖPNV, wie oben beschrieben, beschwerlich ist.

Aufstieg (Gehzeit ca. 55 Minunten): Der Aufstieg ist identisch mit der Winterwanderung ab Wanderparkplatz.

Abfahrt: Sie erfolgt auf dem Aufstiegsweg und dauert ca. 20 Minuten. Auf einem kurzen Teilstück müssen wir den Schlitten schieben.

6) Am Sonnenbalkon des Samerbergs

Dandlbergalm

Die gemütliche Hütte ist ein renovierter Bergbauernhof und liegt an der Südseite des Dandlberges. Von der Terrasse schweift der Blick nach Südwesten über das Inntal zu Riesenkopf, Großem Traithen und Wendelstein. Beim Genuss dieser Aussicht schmeckt die bayerische Küche des Hauses.
Die Aufstiegsroute verläuft am Hang des Dandlberges vorbei an Bauernwiesen, schönen Einödhöfen und vielen Apfelgärten, immer mit dem Blick nach Süden. In Höhe Vordersteinberg geht der Blick bei klarer Sicht in das Inntal, bis zur Hohen Salve und zum Großvenediger.

Anreise

Die Anreise mit öffentlichen Verkehrsmitteln ist nur an Werktagen möglich! Montag bis Freitag bestehen in Rosenheim von Bushaltestelle D in der Luitpoldstraße gleich gegenüber dem Bahnhof mehrmals täglich Fahrmöglichkeiten mit dem RVO-Bus 9490 Richtung Nußdorf nach Unterpösnach. Fahrplanauskunft unter ✆08031-354950

Dandlbergalm (760 m)

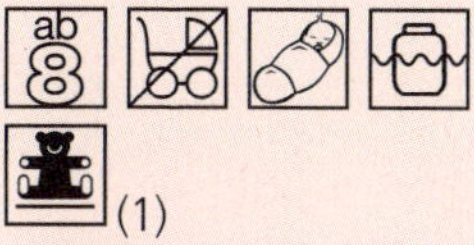

(1)

Besitzer: Martin und Maria Weyerer
Anschrift: Dandlbergalm 1, 83122 Samerberg
Telefon: 08032-7060
Öffnungszeiten: 10–21 Uhr
Ruhetage: Montag und Dienstag
Betriebsurlaub: derzeit keiner
Spielplatz: vor dem Haus, Sandkasten, Schaukel, Wippe
Anseilen der Kinder: auf dem steilen Pfad nach der Wiese auf der 2. Etappe erforderlich
Kartenmaterial: Kompass Wanderkarte WK8 1:50000 „Tegernsee–Schliersee–Wendelstein"; topographische Karte 1:50000 „Chiemsee und Umgebung" des Bayer. Landesvermessungsamtes
Tourismusinfo: Verkehrsverein Samerberg e.V., ✆08032-8606, www.samerberg.de

Die Dandlbergalm ist ein lohnendes Ausflugsziel.

oder im Internet unter www.rvo-bus.de. An Samstagen besteht nur vormittags eine Busverbindung.

🚗 Wir wechseln von der A8 (München–Salzburg) am Inntaldreieck auf die A93 (Inntalautobahn) und fahren dort bis zur Ausfahrt Brannenburg. An der Einmündung biegen wir rechts Richtung Nußdorf ab. In Nußdorf fahren wir links Richtung Rosenheim und Neubeuern. Am Freibad Neubeuern, an einer Rechtskurve im Wald, biegen wir links auf den Parkplatz ein. Dieser kostet während der Badesaison 2 €.

1. Etappe (Aufstieg)

Gehzeit: 1 Stunde 10 Minuten
Höhendifferenz: 280 m bergauf

🚗 ▼

▶ Entlang der Landstraße geht es linker Hand ca. 50 m Richtung Neubeuern.

🚂 ▼

▶ Wir folgen etwa 30 Meter der Landstraße südwärts.

🚂 🚗 ▼

▶ Nun folgen wir dem grünen Schild „Dandlbergalm" auf einem Fahrweg bergauf.

▶ Nach 50 m an einer Weggabelung linker Hand dem Weg folgen, der mit einem „Anlieger-frei"-Schild gekennzeichnet ist.

Nach dem Weiler Oberpösnach macht der Weg, der ab hier mit Betonplatten belegt ist, eine Kehre nach rechts und wird steil. Wir ignorieren zwei Wege, die in dieser Kehre nach links abzweigen, und richten uns nach dem grünen Wegweiser „Vordersteinberg, Samerberg".

Nach einigen Minuten Steigungsstrecke gehen wir, nun auf ebenem und ab hier geschottertem Weg, direkt durch das Areal des Anwesens Vordersteinberg 1 mit seiner Kapelle und von dort weiter bis zu den nächsten Bauernhöfen in Hintersteinberg.

Hier geht es gleich am Eingang zu dem kleinen Weiler scharf links aufwärts, dem Holzwegweiser „Brunn, Schilding" folgend.

Nach etwa 50 m der Rechtskurve des Schotterweges folgen.

Etwa 50 m vor einem Waldstück gehen wir an einer Weggabelung weitgehend eben weiter geradeaus in einen kleinen Mischwald.

Vor der Ortschaft Anker scharf links Richtung „Dandlberg" abbiegen (Holzwegweiser) und gleich darauf rechts dem Pfad folgen (wiederum den Wegweiser „Dandlberg" beachten), der bergauf und scharf rechts über eine Wiese wieder in den Mischwald führt.

An einer Weggabelung im Mischwald den linken Wanderweg steil bergauf nehmen.

An einer weiteren Weggabelung im Mischwald folgen wir dem Wanderweg, der nun weitgehend eben geradeaus weiterverläuft.

Nach etwa 200 m ist am Ende des Waldes auf einer großen Lichtung links oben die Dandlbergalm zu sehen.

2. Etappe (Abstieg)

Gehzeit: 1 Stunde 20 Minuten
Höhendifferenz: 280 m bergab

Bis zur nächsten großen Wiese benützen für den Abstieg den gleichen Weg wie für den Aufstieg.

▶ Nun folgen wir dem Holzwegweiser „Nockl, Neubeuern". Ein Pfad führt in Serpentinen steil bergab.

▶ An einer Wegkreuzung richten wir uns nach dem grünen Wegweiser „Salinweg, Oberpösnach".

▶ Nun gelangen wir wieder auf den Betonplattenweg des Aufstieges und folgen dem grünen Wegweiser „Freibad Neubeuern" zu unserem Ausgangspunkt.

Winterwanderung

Direkt nach Neuschnee ist der Aufstieg nicht zu empfehlen. Einige Tage danach ist der Weg getrampelt. Sie sollten dann aber auf jeden Fall den oben unter „1. Etappe" beschriebenen Weg auch für den Abstieg verwenden. Eine kurze, relativ steile Stelle im Wald zwischen Anker und der Dandlbergalm kann bei entsprechenden Witterungsverhältnissen glatt sein; bitte geben Sie hier Ihren Kindern Hilfestellung. Wenn Sie wegen des Abstiegs Bedenken haben, können Sie von der Dandlbergalm der Forststraße bergab nach Schilding folgen und gelangen von dort auf einem Asphaltsträßchen scharf rechts zurück über Brunn nach Anker.

Lohnende Ziele in der Nähe

An warmen Sonnentagen bietet sich nach der Wanderung noch ein Aufenthalt am Badesee Neubeuern an – unser Wanderparkplatz liegt ohnehin fast an dessen Ufer. Hier können die Kinder unter einem Dach, das sie vor der Sonne schützt, im Sand spielen. In diesem Bereich ist das Wasser auch seicht und für die Kinder geeignet. Im angrenzenden Freibadstüberl (✆08034-8913) wird für das leibliche Wohl gesorgt.

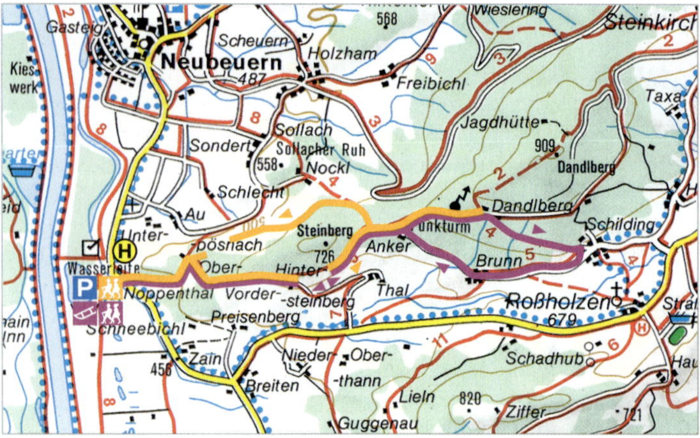

7) Gegenüber dem Zahmen Kaiser

Jausenstation Beham-Ried

Die Jausenstation Beham-Ried liegt am Niederndorferberg, hoch über den Ortschaften Ebbs und Niederndorf. Von der großen Südterrasse geht der Blick hinüber zum Zahmen Kaiser, rechts dahinter sehen wir die Felskette des Wilden Kaisers. Da schmecken die Brotzeiten, wie Speck- und Kasbrot, ebenso einige warme Gerichte und natürlich die hausgemachten Kuchen.
Zugegeben, die Inntalautobahn ist laut, doch wenn wir auf der 1. Etappe nach der Zollhausbrücke durch Bergwiesen und Wälder aufsteigen, dann hören wir nur noch die Grillen zirpen und die Kuhglocken läuten. Im weiteren Verlauf der Tour schweift der Blick hinunter in das Inntal zur Ortschaft Ebbs und hinauf zum Felsmassiv des Zahmen und Wilden Kaisers. In der Adventszeit ist am Wegrand des Forstweges eine große Baumwurzel liebevoll als Krippe eingerichtet. So ist diese Wanderung sehr abwechslungsreich, neben Forstwegen gibt es viele kleine romantische Pfade durch Wald und über Wiesen.
Bei der Winterwanderung wird der direkte Aufstieg ab Zollhausbrücke umgangen, da dieser im Winter nicht getrampelt ist.

Anreise

Ab München Hauptbahnhof und München Ost gibt es stündlich Zugverbindungen nach Oberaudorf (Strecke München–Kufstein), in der Regel mit Umsteigen in Rosenheim. Die Fahrzeit von München Hauptbahnhof bis Oberaudorf beträgt ca. 70 Minuten.

Wir fahren auf der A8 München–Salzburg bis zum Inntaldreieck und wechseln dort auf die A93 (Inntalautobahn) Richtung Innsbruck, die wir bei der Anschlussstelle Oberaudorf verlassen. An der Ausfahrt fahren wir linker Hand Richtung Oberaudorf. Kurz nach dem Ortsschild „Oberaudorf" geht es rechts weiter, dem Wegweiser „Bayrischzell" folgend. An einer Straßengabelung folgen wir erneut dem Wegweiser „Bayrischzell" rechter Hand. Nach der Aral-Tankstelle biegen wir rechts in die Bahnhofstraße ein, dem Wegweiser „Bahnhof" folgend. Am Bahnhof in Oberaudorf stehen Parkplätze zur Verfügung.

1. Etappe (Aufstieg)

Gehzeit: 1 Stunde 20 Minuten
Höhendifferenz: 125 m bergauf

▶Wir verlassen den Bahnhof Oberaudorf in nördlicher Richtung, also so, dass wir uns vom Ortszentrum entfernen (keine Beschilderung), und gehen am Busunternehmen Astl vorbei.

▶An einer Straßengabelung gehen wir in die Reisacher Straße, auf dem Fußweg durch eine Kastanienallee.

▶An einer Sammelstelle für Altglas biegen wir rechts auf einen Fußweg ohne Beschilderung entlang der Bahnlinie ein.

▶Am Auerbach gehen wir rechter Hand durch die Bahnunterführung.

▶Wir wandern weiter am rechten Uferweg des Auerbaches flussabwärts.

▶Wir überqueren den Auerbach auf einer Holzbrücke linker Hand (Radwegweiser „Rosenheim, Brannenburg“), gleich nach der Brücke folgen wir dem Wegweiser „Innbrücke, Erl“ geradeaus.

▶Wir biegen nun rechter Hand in die Zollhausstraße ein und folgen dem Radwegweiser „Inntal“. Die Straße macht gleich darauf eine Linkskurve.

▶An einer Straßengabelung befindet sich eine Gästeinformationstafel. Wir folgen dem Radwegweiser „Inntal“ geradeaus.

▶Wir unterqueren nun die Inntalautobahn und gehen danach gleich rechts zur Zollhausbrücke, auf der wir zur anderen Flussseite wechseln.

▶Gleich nach der Zollhausbrücke folgen wir dem Radwegweiser „Erl“ linker Hand.

▶Nach ca. 30m gehen wir rechter Hand durch ein Gatter, dem Schild „Gasthaus Schönau“ folgend. Ein Wiesenpfad führt steil bergauf und über ein weiteres Gatter in den Wald.

▶Nach einem weiteren Gatter überqueren wir die Bergwiese nun ohne Weg bergauf bis zum nächsten Gatter, das wir ebenfalls durchqueren.

▶Wir passieren nun auf einem weitgehend ebenen Wiesenpfad eine rote Parkbank und ein Kruzifix.

▶Der Wiesenpfad mündet nun in einen Wanderweg und macht eine scharfe Rechtskurve.

▶An einer Weggabelung folgen wir nun der Beschilderung „Jausenstation Beham-Ried“, überqueren ein Gatter und gehen den Wiesenpfad geradeaus.

▶Wir überqueren erneut ein Gatter und gehen nun auf einem schmalen Wanderweg bergauf in den Wald.

▶Wir kommen an einen Bauernhof und folgen hier dem asphaltierten Fahrweg, der mit „Beham-Ried“ beschildert ist.

▶An einer Rechtskurve des asphaltierten Fahrweges biegen wir nun linker Hand in einen Forstweg ein (wiederum Beschilderung „Jausenstation Beham-Ried“ beachten!).

▶An einer Gabelung des Forstweges gehen wir weiter geradeaus (keine Beschilderung), der Weg verläuft weitgehend eben.

▶An einer Rechtskurve des Forstweges folgen wir links

Von der Jausenstation Beham-Ried geht der Blick hinüber zum Zahmen Kaiser.

einem kleinen Waldweg bergauf (Beschilderung: „Waldrundgang Jausenstation Beham-Ried").

▶ An einer Gabelung des Waldweges gehen wir rechts entlang des Weidezauns (keine Beschilderung).

▶ An einem asphaltierten Fahrweg folgen wir nun linker Hand dem Schild „Jausenstation Beham-Ried".

▶ An einer Gabelung des asphaltierten Fahrweges gehen wir geradeaus (Beschilderung: „Jausenstation Beham-Ried") bis zur Jausenstation.

2. Etappe (Abstieg)

Gehzeit: 1 Stunde 10 Minuten
Höhendifferenz: 125 m bergab

▶ Der Abstiegsweg ist mit dem Aufstiegsweg identisch.

Winterwanderung

Die Fahrwege sind geräumt, die Wanderwege sind getrampelt, lediglich der Aufstieg ab der Zollhausbrücke über eine Bergwiese zum Gasthof Schönau ist nicht begehbar. In diesem Bereich empfiehlt sich dann die nachstehend beschriebene Wegführung. Die Gehzeit verlängert sich dabei für den Aufstieg auf 1 Stunde 40 Minuten, für den Abstieg auf 1 Stunde 25 Minuten.

▶ Wir folgen nach Überqueren der der Zollhausbrücke dem Radwegweiser „Erl" linker Hand, bis nach Mühlgraben.

▶ Unweit des Passionspielhauses Erl achten wir auf das Schild „Gasthaus Schönau" und folgen rechter Hand einem asphaltierten Fahrweg.

▶ Nach etwa 300 m, direkt am Passionspielhauses Erl, folgen wir erneut dem Schild „Gasthaus Schönau" und gehen rechts auf einem asphaltierten Fahrweg bergauf zum Gasthaus.

▶ Am Gasthaus Schönau biegen wir rechts in einen Wiesenpfad ein (Wegweiser „Oberaudorf").

▶ Nach ca. 200 m achten wir auf die Beschilderung „Jausenstation Beham-Ried" und gehen links durch ein Gatter auf einen Wiesenpfad.

▸ Der restliche Weg entspricht wieder der oben beschriebenen Sommerwanderung. Sollte der Waldweg (Schild „Waldrundgang Jausenstation-Beham-Ried") nicht getrampelt sein, gehen wir weiter entlang des Forstweges, bis wir auf einen asphaltierten Fahrweg stoßen.

Diesem folgen wir linker Hand bergauf bis zur Jausenstation Beham-Ried.

Lohnende Ziele in der Nähe

Nach der Tour empfehlen denen, die mit dem Auto gekommen sind, noch einen Abstecher nach Kössen am Walchsee zu machen. Hier kann man direkt am See das Panorama des Wilden Kaisers noch einmal genießen.

Jausenstation Beham-Ried (600 m)

ab 10 (1)

Besitzer: Familie Fani und Anderl Leo
Anschrift: Pittlham 261b, A-6342 Niederndorf/Tirol
Telefon: 0043-5373-61687
Öffnungszeiten: Donnerstag bis Montag: 9 Uhr bis der letzte Gast geht; Mittwoch 17 Uhr bis der letzte Gast geht
Ruhetag: Dienstag
Betriebsurlaub: keiner
Anseilen der Kinder: lediglich auf dem Anstieg nach der Zollhausbrücke erforderlich
Kartenmaterial: Kompass Wanderkarte WK9 1:50000 „Kaisergebirge"; topographische Karte 1:50000 „Chiemsee und Umgebung" des Bayer. Landesvermessungsamtes
Tourismusinfo: Tourismusverband Niederndorf & Niederndorferberg, ✆0043-5373-61377, www. niederndorf.com

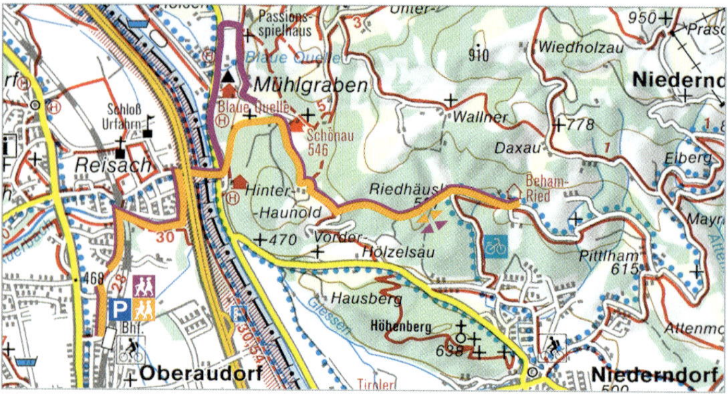

8) Über der Giessenbachklamm

Schopperalm

Die Schopperalm liegt am Ende der spektakulären Gießenbachklamm. Die Hütte hat eine nach Süden ausgerichtete Terrasse. Die Kinder können ungefährdet auf den umliegenden Almwiesen spielen und bleiben dennoch im Blickfeld der Eltern. Die Schopperalm ist seit 1943 in Familienbesitz. Zum Essen gibt es bayerische Brotzeiten. Beliebt sind die leckeren Speckplatten, ebenso die hausgemachten Kuchen. Im Nebengebäude der Alm befindet sich ein saalähnlicher Raum zur Einkehr, sollte das Wetter einmal nicht so schön sein.
Die 1. Etappe der Wanderung (Aufstieg) steht ganz im Zeichen des Wassers. Zunächst gehen wir auf romantischen Waldwegen entlang des Kieferbaches, später bestaunen wir dann den Klammweg durch die enge Schlucht des Gießenbaches. Dazwischen kommen wir an alten Bauernhöfen vorbei und wandern über weite Bergwiesen. Kurz vor dem Ende des Aufstieges warten unzählige kleiner Badeplätze mit Kiesbänken am Gießenbach.
Bei der 2. Etappe ragt hinter weiten Bergwiesen das Massiv des Wilden Kaisers empor, mit seinem höchsten Gipfel, der Ellmauer Halt mit ihren 2344 Metern Höhe. Da sind die kurzen Wegstrecken auf einer Fahrstraße schnell vergessen und belohnt!

Anreise

🚆 Ab München Hauptbahnhof und München Ost gibt es stündlich Zugverbindungen nach Kiefersfelden (Strecke München–Kufstein), in der Regel mit Umsteigen in Rosenheim. Die Fahrzeit von München Hauptbahnhof bis Kiefersfelden beträgt ca. 70 Minuten.
🚗 Wir wechseln von der A8 München–Salzburg am Inntaldreieck auf die A93 (Inntalautobahn) und fahren dort bis zur Ausfahrt Kiefersfelden. An der Einmündung biegen wir links in die Ortsmitte von Kiefersfelden ab. Dort fahren wir – hinter dem Maibaum – links in die Wilhelm-Kroener-Straße, die zum Bahnhofsplatz führt.

1. Etappe (Aufstieg)

Gehzeit: 1 Stunde 40 Minuten
Höhendifferenz: 130 m bergauf

Der Weg durch die Gießenbachklamm ist der spektakulärste Abschnitt auf dem Weg zur Schopperalm.

▶ Wir gehen am Bahnhof zunächst (von den Gleisen aus gesehen) rechts und biegen dann schräg links in eine Straße ohne Beschilderung ein, vorbei am Café Danner.

▶ Am Freizeitbad Innsola biegen wir rechter Hand auf die Hauptstraße ein.

▶ Vor der Brücke am Brotzeitstüberl folgen wir linker Hand dem Schild „Egelsee".

▶ Die Straße mündet am Ortsende von Kiefersfelden in einen Wanderweg, den wir entlang des Kieferbaches weitergehen.

▶ An einer Wegkreuzung – hier stößt eine Brücke über den Kieferbach auf den Weg – ignorieren wir die Schilder „Buchberg, Egelsee" und folgen weiter dem Bachlauf.

▶ Nun gehen wir über wenige Stufen bergauf, dann verläuft der schmale Wanderweg weiter entlang des Kieferbaches.

▶ An einer Gabelung des schmalen Wanderweges gehen wir weiter entlang des Baches ohne Beschilderung.

▶ An einer weiteren Weggabelung mündet der schmale Wanderweg auf einen etwas breiteren Wanderweg. Wir ignorieren die Schilder „Buchberg, Egelsee, Kiefersfelden" und gehen weiter entlang des Baches.

▶ An den Wässerfällen überqueren wir nun den Kieferbach auf einer Brücke zum Haltepunkt „Hechtsee, Schöffau" des Wachtl-Express (keine Beschilderung).

▶ Wir überqueren nun die Teerstraße und die Bahngleise und folgen auf einem Wiesenpfad dem Schild „Kurzenwirt".

▶ An einer Sammelstelle für Altglas unweit des Kurzenwirtes gehen wir linker Hand auf einer asphaltierten Fahrstraße ohne Beschilderung.

▶ Nach dem Gasthof Kurzenwirt folgen wir rechter Hand einem Forstweg (Beschilderung: „Gießenbach, Breitenau").

▶ Wir kommen in ein Waldstück

und überqueren einen Bach an einer Weggabelung. Hier gehen wir weiter geradeaus bergauf (keine Beschilderung).

▶ Am Anwesen Windhag 2 wandern wir weiter geradeaus auf dem Forstweg.

▶ Wir stoßen auf eine asphaltierte Fahrstraße. Hier ignorieren wir die Schilder „Windhag, Kurzenwirt, Kiefersfelden" und gehen linker Hand die Fahrstraße bergab.

▶ An einer Straßengabelung folgen wir rechter Hand dem Wegweiser „Wachtl, Thiersee".

▶ Am Sägewerk „Bleiersag" geht es rechts (Beschilderung: „Gießenbachklamm, Rundwanderweg"). Ein Forstweg führt vorbei an einem Wanderparkplatz.

▶ An der Gabelung des Forstweges überqueren wir links den Bach auf einer Brücke (Beschilderung: „Schopperalm, Gießenbachklamm").

▶ Am Kraftwerk Gießenbachklamm folgen wir dem Wegweiser „Gießenbachklamm" über viele Stufen bergauf in die Schlucht.

▶ Wir gehen nun den Klammweg. Er ist auf der ganzen Länge mit einem Geländer gesichert, dennoch sollten hier die Kinder angeseilt oder an die Hand genommen werden.

▶ Wir überqueren die Klamm auf einer Brücke zur anderen Bachseite.

▶ Der Wanderweg führt nun leicht bergauf.

▶ An einer Weggabelung folgen wir dem Schild „Schopperalm, Troyer" und bleiben nur einige Meter auf dem asphaltierten Fahrweg, dann weist uns rechter Hand ein Schild „Schopperalm" den Weg zur Hütte.

2. Etappe (Abstieg)

Gehzeit: 1 Stunde 20 Minuten
Höhendifferenz: 130 m bergab

▶ Ab der Schopperalm folgen wir einem Forstweg mit der Beschilderung „Kiefersfelden, Hechtsee".

▶ An einer Weggabelung nehmen wir den asphaltierten Fahrweg, der leicht bergauf führt.

▶ Der Fahrweg führt dann wieder bergab.

▶ An einer Gabelung des asphaltierten Fahrweges folgen wir nun links dem Schild „Kiefersfelden, Ledererhof".

▶ An einem Trafohäuschen unweit des Ledererhofes richten wir uns an einer Weggabelung nach dem Schild „Baumgartenhof, Dörfl" linker Hand.

▶ Hinter dem Ledererhof folgen wir linker Hand dem Schild „Baumgartenhof, Dörfl". Es geht leicht bergauf durch eine Allee mit Obstbäumen.

▶ An einer Weggabelung nehmen wir rechter Hand den Wanderweg mit der Beschilderung „Baumgartenhof", der leicht bergab in den Wald führt.

▶ Der Wanderweg mündet in einen asphaltierten Fahrweg, dem wir rechter Hand folgen (keine Beschilderung).

Schopperalm (600 m)

(1)

Besitzer: Familie Herfurtner
Anschrift: Breitenau 10, 83088 Kiefersfelden
Telefon: 08033-609116
Öffnungszeiten: 10–18 Uhr bei gutem Wetter (nur Sommerbewirtschaftung)
Ruhetag: bei Schlechtwetter geschlossen
Betriebsurlaub: Mitte Oktober bis Ende April
Spielplatz: große Almwiesen vor der Hütte
Anseilen der Kinder: im Bereich des Klammweges unbedingt, entlang des Kieferbaches bedingt erforderlich
Kartenmaterial: Kompass Wanderkarte WK8 1:50000 „Tegernsee–Schliersee–Wendelstein"; topographische Karte 1:50000 „Mangfallgebirge" des Bayer. Landesvermessungsamtes
Tourismusinfo: Kur- und Verkehrsamt Kiefersfelden, ✆08033-976527, www.kiefersfelden.de

▶ Nach dem Baumgartenhof folgen wir rechter Hand einem Wanderweg mit der Beschilderung „Kurzenwirt, Hechtsee" bergab.

▶ Der Wanderweg gabelt sich kurz nach einer Kapelle, beide Wege führen bald darauf wieder zusammen. Wir gehen bergab zum Kurzenwirt.

▶ An einer Sammelstelle für Altglas folgen wir einem Wanderweg mit der Beschilderung „Kiefersfelden, Hechtsee".

▶ Die restliche Wegstrecke ist identisch mit der 1. Etappe.

Winterwanderung

Die Schopperalm ist nur vom 1. Mai bis etwa Mitte Oktober bewirtschaftet. Eine Wanderung im Winter ist grundsätzlich nicht zu empfehlen, da die Wegstrecke am Kieferbach, ebenso der Klammweg durch die Gießenbachklamm, meistens vereist ist.

Wachtl-Express

Mit dem Wachtl-Express, einer nostalgischen Schmalspurbahn, können Sie von den Stationen Schöffau-Hechtsee, Breitenau und Gießenbachklamm die Wanderung verkürzen und nach Kiefersfelden fahren. In Kiefersfelden gehen sie entgegengesetzt der Fahrtrichtung der Bahn linker Hand über die Bahngleise in den Gugglbergweg, dann links auf die Hauptstraße, der Sie bis zum Maibaum in der Ortsmitte folgen. Dann gehen Sie abermals links, in die Wilhelm-Kroener-Straße, die zum Bahnhofsplatz führt. Der Wachtl-Express fährt derzeit von Anfang Juli bis Anfang Oktober an jedem zweiten Wochenende, Samstag und Sonntag jeweils dreimal täglich. Infos unter ✆08033-304813 und www.kiefersfelden.de.

Lohnende Zwischenstationen

Auf der 2. Etappe, unweit des Baumgartenhofes, kommen wir an der Andreaskapelle vorbei. Sie wurde 1966 als Nachfolger der Labertkapelle erbaut. Bei der Kapelle geben mehrere Schautafeln über kulturelle Besonderheiten und geschichtliche Begebenheiten rund um Kiefersfelden Aufschluss.

Lohnende Ziele in der Nähe

Nach der Tour empfehlen wir einen Abstecher zum **Innsola-Bad** Kiefersfelden. Es liegt direkt am Weg, unweit des Bahnhofes. Ein Kinder- und Babyschwimmbecken sowie ein Außenbecken mit 34 Grad sorgen für ungetrübten Badespaß. Öffnungszeiten: im Sommer Dienstag bis Freitag 11–20 Uhr, Samstag und Sonntag 9–20 Uhr, Montag Ruhetag; im Winter: Dienstag bis Freitag 11–22 Uhr, Samstag und Sonntag 9–22 Uhr, Montag 18–22 Uhr. Informationen unter ✆08033-976530 oder im Internet unter www.innsola.de.

9) An der Pforte zum Inntal

Berggasthaus Petersberg

Das Bergasthaus Petersberg liegt hoch über dem Inntal auf

einem bewaldeten Felssockel. Von dem Gastgarten reicht der Blick tief in das Inntal. Ein Stück weiter, vor der Wallfahrtskirche Petersberg, sehen wir die benachbarten Berge des Mangfallgebirges, von links nach rechts Hochsalwand, Rampoldplatte, Mitterberg, Farrenpoint und Sulzberg. Von der der anderen Talseite grüßen Samerberg und Heuberg.
Veit Adam von Pellkofen erbaute im Jahre 1696 das heutige Berggasthaus Petersberg. Es ist denkmalgeschützt und konnte so in seiner ursprünglichen Form erhalten werden.
Die Speisenkarte bietet warme Gerichte aus bayerischer Küche, außerdem Nudelgerichte wie die beliebte Gemüselasagne. Auch die hausgemachten Kuchen und Strudel lohnen den Aufstieg!
Die 1. Etappe wechselt zwischen Wander- und Forstwegen bergauf durch lichten Buchenwald, der an heißen Tagen gleichwohl genug Schatten spendet. Die 2. Etappe führt über den so genannten Philosophenweg, vorbei an einem Wasserfall, der als Naturspielplatz eine willkommene Abwechslung für Ihre Kinder darstellt.
Die Winterwanderung führt auf dem geräumten Forstweg bergauf, der aber bei guter Schneelage am Wochenende von Rodlern sehr frequentiert ist.

Anreise

Ab München Hauptbahnhof und München Ost gibt es stündlich Zugverbindungen nach Flintsbach (Strecke München–Kufstein), in der Regel mit Umsteigen in Rosenheim. Die Fahrzeit von München Hauptbahnhof bis Flintsbach beträgt ca. 60 Minuten.

Wir fahren auf der A8 München–Salzburg bis zum Inntaldreieck und wechseln dort auf die A93 (Inntalautobahn) Richtung Innsbruck, die wir bei der Anschlusstelle Brannenburg verlassen. An der Ausfahrt geht es links weiter Richtung Brannenburg. An der Ampel biegen wir linker Hand Richtung Kufstein und Flintsbach ab. Nachdem wir die Ortsmitte von Flintsbach durchfahren haben, nehmen wir rechter Hand den Astenweg, dem Schild „Petersberg, Hohe Asten" folgend, vorbei an einer Kapelle, bis zum Wanderparkplatz.

1. Etappe (Aufstieg)

Gehzeit: [Zug] 1 Stunde 15 Minuten, [Auto] 55 Minuten
Höhendifferenz: [Zug] [Auto] 350 m bergauf

[Zug] ▼

▶ Auf der westlichen, dem Ort zugewandten Seite der Gleise stoßen wir auf den Ahornweg. Diesen gehen wir links weiter.

▶ Wir überqueren eine Straßenkreuzung und folgen der Innstraße bis zur Hauptstraße.

▶ In die Hauptstraße biegen wir nun linker Hand ein.

▶ Wir gehen auf dem Gehsteig weiter, bis wir rechter Hand den Wegweiser „Petersberg" sehen; ihm folgen wir und gehen den Astenweg bis zum Beginn des Anstieges.

[Auto] ▼

▶ Vom Wanderparkplatz gehen wir ein Stück entgegen der Richtung, die wir gekommen sind, zurück (keine Beschilderung).

[Zug] [Auto] ▼

▶ Wir folgen dem Forstweg mit der Beschilderung „Gasthaus Petersberg" bergauf.

▶ An einer Gabelung bei der Burgruine Falkenstein folgen wir in einer scharfen Rechtskurve bergauf weiter dem Forstweg.

▶ An der nächsten Linkskurve des Forstweges steht eine Kapelle. Hier biegen wir rechter Hand auf einen Wanderweg ohne Beschilderung ein, der sich sofort gabelt. Wir nehmen den linken, etwas breiteren Wanderweg (ohne Beschilderung) bergauf und folgen der roten Markierung, die immer

Nach der Einkehr im Berggasthaus Petersberg sollte man unbedingt das Petersbergkirchl besichtigen.

wieder an Bäumen und Steinen zu sehen ist.

▶ Der Wanderweg kreuzt nun zweimal einen Forstweg in einer Linkskurve. Wir gehen weiter auf dem Wanderweg bergauf.

▶ Am Ende des Wanderweges gelangen wir auf einen Forstweg, dem wir rechter Hand bergauf folgen (keine Beschilderung).

▶ An einer scharfen Linkskurve des Forstweges ignorieren wir rechter Hand den Wanderweg mit der Beschilderung „Brannenburg Nr. 10" und gehen weiter auf dem Forstweg bergauf, der Linkskurve folgend.

▶ An einer Gabelung des Forstweges achten wir auf den Wegweiser „Berggasthof Petersberg" und biegen scharf links bergauf ab. In einigen Kehren gelangen wir zum Berggasthof Petersberg.

2. Etappe (Abstieg)

Gehzeit: 1 Stunde 10 Minuten, 50 Minuten

Höhendifferenz: 350m bergab

▶ Wir gehen den Wanderweg, auf dem wir gekommen sind, vorbei am Petersbergkircherl, in Kehren bergab.

▶ An der Gabelung des Forstweges ignorieren wir die Schilder „Hohe Asten, Wallfahrtskirche Petersberg, Berggasthaus Petersberg" und gehen nochmals auf der Strecke, die wir gekommen sind, rechts bergab (ohne Beschilderung).

▶ An einer Rechtskurve des Forstweges richten wir uns jetzt nach dem Schild „Brannenburg Nr. 10" und biegen linker Hand in einen Wanderweg ein.

▶ Wir folgen an einer Weggabelung bergab der Rechtskurve und sogleich an einer weiteren Weggabelung der Linkskurve des Wanderweges bergab. Es gibt in diesem Bereich keine Beschilderung, dafür aber eine rote Markierung an den Bäumen, an die wir uns halten.

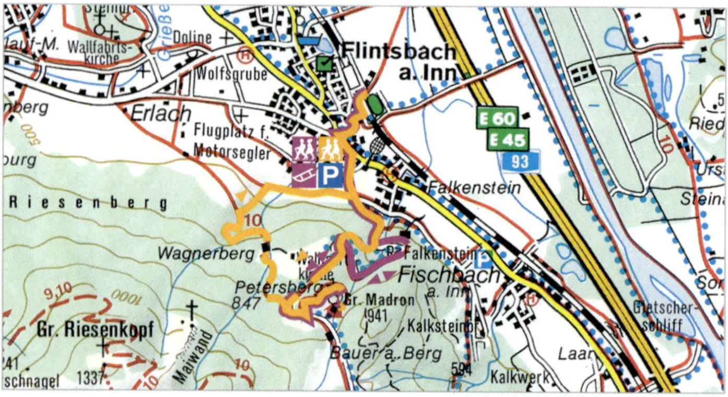

Berggasthaus Petersberg (847 m)

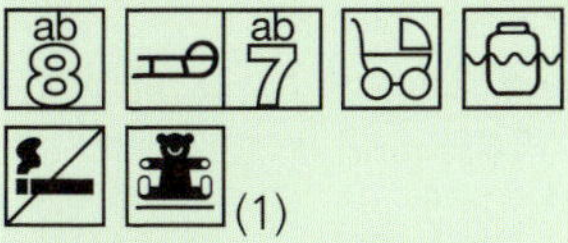

(1)

Besitzer: Ana und Frank Wannersdorfer
Anschrift: Petersberg 2, 83126 Flintsbach
Telefon: 08034-1820
Öffnungszeiten: Montag, Dienstag, Donnerstag, Freitag und Samstag jeweils 9.30–22 Uhr, an Sonn- und Feiertagen 9–18 Uhr
Ruhetag: Mittwoch
Betriebsurlaub: 3 Wochen im November
Spielplatz: Kinder können auf der Wiese im Westen des Hauses nur unter Aufsicht spielen, da die angrenzenden Abhänge sehr steil sind!
Anseilen der Kinder: auf einigen Passagen des Wanderweges der 1. Etappe sowie der 2. Etappe erforderlich
Kinderwagentauglichkeit: bedingt auf dem Winterweg, wenn er schneefrei ist; der Schlussanstieg ist sehr steil!
Kartenmaterial: Kompass Wanderkarte WK8 1:50000 „Tegernsee–Schliersee–Wendelstein"; topographische Karte 1:50000 „Mangfallgebirge" des Bayer. Landesvermessungsamtes
Tourismusinfo: Verkehrsamt Flintsbach, ✆08034-306620, www.flintsbach.de

▶ An einer weiteren Gabelung des Wanderweges richten wir uns nach dem Schild „Nr. 10" linker Hand.

▶ Gleich darauf überqueren wir eine Brücke und folgen dem Schild „Flintsbach" weiter bergab.

▶ Wir passieren das Anwesen Wagnerberg 1 und gehen auf dem Wanderweg weiter bergab.

▶ An einer Gabelung des Wanderweges folgen wir nun dem Schild „Flintsbach am Inn" rechter Hand.

▶ An einer weiteren Gabelung des Wanderweges ignorieren wir das Schild „Nr. 10" und folgen rechter Hand dem Schild „Flintsbach am Inn" bergab.

▶ Der Wanderweg kreuzt nun einen Forstweg. Wir gehen weiter geradeaus auf dem Wanderweg.

▶ Der Wanderweg führt an einer kleinen Staustufe des Wasserfalles vorbei und dann entlang des Baches.

▶ Am Waldrand mündet der Wanderweg in einen Forstweg, dem wir rechter Hand folgen (keine Beschilderung).

▶ An einer Gabelung des Forstweges gehen wir weiter geradeaus (keine Beschilderung).

▶ Der Forstweg mündet nun in einen asphaltierten Fahrweg,

dem wir zurück zum Wanderparkplatz beziehungsweise bis zum Beginn des Anstieges folgen.

Die restliche Wegstrecke ist identisch mit dem Weg der 1. Etappe.

Winterwanderung

Die Wege sind durchgehend geräumt. Gerade an Wochenenden herrscht bei guter Schneelage starker Rodelbetrieb.

Anreise: Sie ist für ÖPNV-Benutzer und Pkw-Fahrer identisch mit der in der für die Sommerwanderung beschriebenen Anreise.

Aufstieg (Gehzeit 1 Stunde 15 Minuten, 55 Minuten):

Bis zur Kapelle oberhalb der Burg Falkenstein halten wir uns an die Wegbeschreibung der Sommerwanderung.

Dort bleiben wir auf dem Forstweg, der uns weiter in Kehren bergauf führt.

An einer scharfen Linkskurve des Forstweges ignorieren wir rechter Hand den Wanderweg mit der Beschilderung „Brannenburg Nr. 10" und gehen weiter auf dem Forstweg bergauf, der Linkskurve folgend.

An einer Gabelung des Forstweges achten wir auf den Wegweiser „Berggasthof Petersberg" und biegen scharf links bergauf ab. In einigen Kehren gelangen wir zum Berggasthof Petersberg.

Rodelabfahrt

Die Wege sind gut geräumt und präpariert. Allerdings wird vor allem im unteren Bereich einige Tage nach Neuschnee die Rodelbahn eisig.

Anreise: Sie ist für ÖPNV-Benutzer und Pkw-Fahrer identisch mit der in der für die Sommerwanderung beschriebenen Anreise.

Aufstieg (Gehzeit 1 Stunde 15 Minuten, 55 Minuten): Er ist identisch mit dem Aufstiegsweg der Winterwanderung.

Abfahrt (Dauer ca. 15 Minuten): Sie erfolgt auf dem Aufstiegsweg und erfordert einiges Fahrkönnen. Vor allem im oberen Bereich ist die Abfahrt steil, kurvenreich und schmal.

Lohnende Zwischenstationen

Die Wallfahrtskirche Petersberg geht wahrscheinlich auf das Jahr 1139 zurück. Seit 1971 ist die neu gegründete Filialkirchenstiftung Petersberg für sie verantwortlich. Man hat die Kirche in einer umfassenden Renovierung instand gesetzt. Sie ist täglich zu besichtigen. Immer wieder gibt es Wallfahrten mit Blasmusik hierher. Einzelheiten sind beim Verkehrsamt Flintsbach (08034-306620, www.flintsbach.de) zu erfragen.

10) Hoch über dem Inntal

Breitenberghaus

Die einladende Hütte liegt hoch über Inntal auf einer kleinen Waldlichtung. Von der Südterrasse schweift der Blick in die Chiemgauer Alpen und in das Mangfallgebirge. Wir sehen von Ost nach West Hochries, Heuberg, Spitzstein und Kranzhorn sowie den Riesenkopf.
Die Hütte selbst besteht aus einer kleinen, urigen Stube und einem großzügigen, hellen Anbau. Eine reichhaltige Speisekarte bietet Brotzeiten und warme Mahlzeiten. Zum Nachtisch lockt dann einer der hausgemachten Strudel.
Gleich zu Beginn der Wanderung folgt man dem reizvollen Weg entlang des Dorfbaches von Brannenburg. Während des Aufstieges bietet sich Meter für Meter ein immer weiterer Blick in das Inntal. Zunächst geht es vorbei an Bauernhöfen mit Obstbäumen, später steigen wir über eine Bergwiese auf und dann durch dichten Nadelwald, der im Sommer angenehmen Schatten spendet.

Anreise

Ab München Hauptbahnhof und München Ost gibt es stündlich Zugverbindungen nach Brannenburg (Strecke München–Kufstein), in der Regel mit Umsteigen in Rosenheim. Die Fahrzeit von München Hauptbahnhof bis Brannenburg beträgt ca. 60 Minuten.
Wir fahren auf der A8 München–Salzburg bis zum Inntaldreieck und wechseln dort auf die A93 (Inntalautobahn) Richtung Innsbruck, die wir bei der Anschlussstelle Brannenburg verlassen. An der Ausfahrt geht es links weiter Richtung Brannenburg. An der Ampel biegen wir rechts in die Ortsmitte ab. Nach einer kleinen Brücke erreichen wir rechts über die Wendelsteinstraße den Bahnhof Brannenburg. Am Bahnhof steht ein großer, kostenfreier Parkplatz zur Verfügung.

1. Etappe (Aufstieg)

Gehzeit: 1 Stunde 45 Minuten
Höhendifferenz: 500 m bergauf

▸ Am Bahnhof Brannenburg biegen wir links in die Wendelsteinstraße ein und gehen bis zur Rosenheimer Straße.
▸ Nach Überqueren der Straße benützen wir den rechten Uferweg entlang des Dorfbaches.
▸ Wir überqueren die Mühlenstraße und gehen am linken Uferweg des Dorfbaches weiter.
▸ An einer Weggabelung rich-

Beim Anstieg zum Breitenberghaus sehen wir auf der anderen Talseite die Chiemgauer Alpen: von links Hochries, Heuberg, Spitzstein und Kranzhorn. Ganz rechts ist noch das Petersbergl zu erkennen.

ten wir uns nach dem Schild „Kneippanlage".

▶ Dem asphaltierten Weg folgen wir vorbei an Bauernhöfen bis zu einem Wäldchen.

▶ Gegenüber Haus Kellerweg Nr. 23 führt ein schmaler Pfad zwischen Weidezaun und Allee bis Gmain.

▶ Gmain wird geradeaus durchquert, nach einer kurzen Steigung biegen wir scharf links ab und folgen den Wegweisern „St. Margarethen, Breitenberg".

▶ Auf einer Fahrstraße gelangen wir zum nächsten Bauernhof; dort rechts den schmalen Pfad (mit Stufen und Holzgeländer am Beginn) folgen, bis dieser im Wald auf eine Fahrstraße führt.

▶ Wir überqueren nun diese Fahrstraße und folgen einem Wanderweg mit der gelben Wegtafel „Nr. 7".

▶ Nach einer Steigung gelangen wir auf eine Straße, auf der wir

nach St. Margarethen mit seiner alten Kirche gelangen.

▶ Am Feuerwehrhaus folgen wir einem asphaltierten Fahrweg mit grünem Wegweiser „Breitenberg 9" leicht bergauf. Er passiert das Dorner-Anwesen und mündet in einen Schotterweg.

▶ An einer Weggabelung folgen wir rechts einem Wanderweg (Wegweiser „Naturfreunde, Breitenberghütte"), der später ziemlich steil bergauf führt.

▶ Wir stoßen auf die Kehre eines Forstweges und folgen diesem linker Hand, wobei wir erneut den Wegweiser „Naturfreunde, Breitenberghütte" beachten.

▶ Nun führt uns dieser Forstweg zunächst steil bergauf, später nur noch leicht ansteigend bis zum Breitenberghaus, das wir links von unserem Weg liegen sehen.

2. Etappe (Abstieg)

Gehzeit: 1 Stunde 20 Minuten
Höhendifferenz: 500 m bergab

▶ Der Abstiegsweg ist mit dem Aufstiegsweg identisch.

Winterwanderung

Die Wege sind bei Neuschnee nur bedingt begehbar, nach einigen Tagen ist jedoch stets eine Trampelspur vorhanden. Der Forstweg, das ist etwa die 2. Hälfte der 1. Etappe, ist geräumt. Hier ist bei guter Schneelage, besonders an den Wochenenden, auf Rodelbetrieb zu achten.

Rodelabfahrt

Der Weg vom Zufahrtssträßchen Richtung Höllenstein hinauf zum Breitenberghaus wird auch als Rodelabfahrt genutzt;

allerdings die die Erreichbarkeit ungünstig, da das Sträßchen im oberen Bereich außer für Anlieger gesperrt ist und im unteren Bereich kaum Parkmöglichkeiten vorhanden sind.

Lohnende Ziele in der Nähe

An warmen Sonnentagen bietet sich nach der Wanderung noch ein Ausflug zum Badesee Neubeuern an, der zwischen Neubeuern und Nußdorf liegt. Hier können die Kinder unter einem Sonnendach im Sand spielen. In diesem Bereich ist das Wasser auch seicht und für die Kinder geeignet. Im angrenzenden Freibadstüberl (✆08034-8913) wird für das leibliche Wohl gesorgt. Der Badesee ist allerdings von Brannenburg aus nur mit dem Auto günstig erreichbar.

Breitenberghaus (1000 m)

(1)

Inhaber: Alexandra und Wolfgang Laub
Anschrift: St. Margarethen 9½, 83098 Brannenburg
Telefon: 08034-8663
Öffnungszeiten: Mittwoch bis Samstag 9 Uhr bis der letzte Gast geht; Sonntag 9–18 Uhr; Montag 9–17 Uhr
Ruhetag: Dienstag
Betriebsurlaub: keiner
Spielplatz: 2 Schaukeln
Übernachtungsmöglichkeit: 12 Betten in DZ und 3-Bett-Zimmern; 29 Lagerplätze in 12er- und 17er-Lager
Anfahrt zum Haus: nicht möglich
Touren für Übernachtungsgäste:

- Hochsalwand (1625 m) über Lechneralm: Gehzeit 1 Stunde 30 Minuten, Anseilen der Kinder erforderlich
- Mitterberg (1214 m) über Schuhbräualm (Sommerbewirtschaftung): Gehzeit 1 Stunde 30 Minuten, Anseilen der Kinder im Schlussanstieg erforderlich

Anseilen der Kinder: im Schlussanstieg des Forstweges bedingt erforderlich
Kartenmaterial: Kompass Wanderkarte WK8 1:50000 „Tegernsee–Schliersee–Wendelstein"; topographische Karte 1:50000 „Mangfallgebirge" des Bayer. Landesvermessungsamtes
Tourismusinfo: Verkehrsamt Brannenburg, ✆08034-4515, www.brannenburg.de

11) Gegenüber dem Schwarzenberg

Berggasthof Hocheck

Der Berggasthof Hocheck liegt auf einer Anhöhe zwischen Bad Feilnbach und dem Leitzachtal. Von der Südterrasse geht der Blick über den Eingang des Inntales hinüber zum Heuberg. Das Haus ist seit 1963 in Familienbesitz. Besonders empfehlenswert sind hier die Wildspezialitäten aus eigener Jagd. Außer einer Auswahl weiterer warmer Gerichte stehen auch bayerische Brotzeiten auf der Speisenkarte. Die Wanderung führt durch schöne Mischwälder, vorbei an alten Bauernhöfen. Immer wieder geht der Blick tief in das Rosenheimer Becken hinunter bis zum Alpenrand. Bitte lesen Sie die Wegbeschreibung genau, da die Beschilderung oft unzureichend ist! Aber vielleicht macht gerade die Tatsache, dass hier nur so wenige Wanderer unterwegs sind, diesen „Geheimtipp" besonders attraktiv.

Anreise

Mit der Bahn kommt man von München aus über Rosenheim, Kreuzstraße (S6) oder Holzkirchen (BOB) nach Bad Aibling (Strecke Rosenheim–Kreuzstraße–Holzkirchen). Von hier aus verkehrt die RVO-Buslinie 9580 nach Bad Feilnbach. Samstags, sonntags und an Feiertagen fahren nur wenige Kurse. Infotelefon: 08031-354950, Fahrplandownload im Internet unter www.rvo-bus.de/pdffiles/9580.pdf.
Alternativ dazu können Sie mit der Bahn nach Fischbachau fahren (Strecke München–Bayrischzell). Hier bestand bei Drucklegung des Buches vormittags ein Direktanschluss mit der Wendelstein-Ringlinie nach Bad Feilnbach. Info unter ✆08066-9063-33 oder im Internet unter www.wendelstein-ringlinie.de.
Wir fahren auf der A8 München–Salzburg bis zur Ausfahrt Bad Aibling. Dort geht es rechts weiter Richtung Bad Feilnbach. In Bad Feilnbach, an einer Straßengabelung, folgen wir rechter Hand dem Schild „Ortsmitte". Dann fahren wir rechter Hand zum Busbahnhof Bad Feilnbach (Nähe „Haus des Gastes"). Hier stehen Parkplätze zur Verfügung.

1. Etappe (Aufstieg)

Gehzeit 1 Stunde 30 Minuten
Höhendifferenz: 390 m bergauf
▶ Am Busbahnhof Bad Feilnbach gehen wir die Straße leicht bergauf zur Reha-Klinik Diem an der Hauptstraße.

▶ An der Reha-Klinik Diem biegen wir rechts in die Kufsteiner Straße ein.

▶ Kurz bevor die Kufsteiner Straße den Bach überquert, gehen wir linker Hand in den Sternplattenweg und folgen dem Wegweiser „Schwarzenberg".

▶ An der Breitensteinstraße überqueren wir nun rechter

Hand den Bach und biegen sogleich links bergauf in die Straße „Am Höhenpark" ein, der Beschilderung „Hocheck" folgend.

▶ Am Straßenabzweig „Am Höhenpark 10–10c" richten wir uns nach der Beschilderung „Hocheck, Rundweg Nr. 7, 8" und gehen rechts.

▶ An einer Straßengabelung folgen wir nun linker Hand dem Schild „Hocheck Nr. 8" bergauf.

▶ Die Straße mündet in einen Forstweg. Hier richten wir uns nach dem Schild „Hohenkogl, Weißenbach" und biegen links steil bergauf in einem Wanderweg ein, der in den Wald führt.

▶ An einer Weggabelung, hier ist ein kleiner Rastplatz mit Tisch und Bänken, gehen wir geradeaus bergauf (keine Beschilderung).

▶ Der Wanderweg führt nun an die Hauptstraße, dort gehen wir links dem Wegweiser „Hocheck, Nr. 8" folgend auf einem Wanderweg leicht bergauf.

▶ An einer Weggabelung folgen wir der Wegweisung „Nr. 8" weiter geradeaus. **Achtung:** Dieser Hinweis ist grün auf einen Baum gesprüht, mit weißem Untergrund.

▶ An einem Schuppen unweit eines Bauernhofes richten wir uns erneut nach dem Wegweiser „Nr. 8" und gehen einen Wanderweg weiter.

▶ Bei einem weiteren Schuppen kommen wir an eine Weggabelung und nehmen den Forstweg leicht links in den Wald. Hier gibt es keine Beschilderung!

▶ An einer weiteren Weggabelung folgen wir wieder dem Wegweiser „Nr. 8" und gehen geradeaus in den Wald. **Achtung:** Hier ist der Hinweis wieder grün mit weißem Untergrund auf einen Baum gesprüht.

▶ An der nächsten Weggabelung gehen wir geradeaus leicht bergauf durch den Wald (keine Beschilderung).

▶ Wieder kommen wir an eine Weggabelung, ohne dass eine Beschilderung einen Hinweis gibt. Erneut müssen wir geradeaus, die Strecke verläuft nun weitgehend eben entlang des Waldrandes.

▶ Am Roßruck-Hof mündet der Wanderweg in einen asphaltierten Fahrweg, dem wir bis zur Hauptstraße folgen.

▶ Wir überqueren die Hauptstraße und folgen rechter Hand einem asphaltierten Fahrweg mit der Beschilderung „Fußweg Hocheck".

▶ An einer Gabelung des Fahrweges folgen wir links wieder dem Schild „Fußweg Hocheck".

▶ Am Anwesen Stipfing 5 mün-

det der Fahrweg nun auf einen Forstweg, wieder mit der Beschilderung „Fußweg Hocheck". Wir folgen ihm leicht bergauf.
▶ Am Anwesen Sonnenleiten 1 mündet der Forstweg in einen Wanderweg. Es geht ohne Beschilderung weiter geradeaus, vorbei an einer Kapelle.
▶ Im Wald folgen wir zwei Schildern „Hocheck" bergauf entlang dem Waldrand und einem Weidezaun.
▶ An einer Weggabelung richten wir uns abermals nach dem Schild „Hocheck" und steigen linker Hand einen Wiesenpfad bergauf. **Achtung:** Dieses Schild ist nur angelehnt, kann also verstellt werden oder umfallen!
▶ Wir gelangen auf einen asphaltierten Fahrweg. Nach wenigen Metern linker Hand bergauf haben wir den Berggasthof Hocheck erreicht.

2. Etappe (Abstieg)

Gehzeit: 1 Stunde 15 Minuten
Höhendifferenz: 390 m bergab

▶ Wir gehen die asphaltierte Fahrstraße bergab.
▶ An einer Linkskurve der Fahrstraße biegen wir rechter Hand in den Wiesenpfad ein, auf dem wir gekommen sind (Beschilderung: „Fußweg Bad Feilnbach"), und gehen auf ihm bergab.
▶ An einer Weggabelung gehen wir nun, abweichend vom Aufstiegsweg, geradeaus in den Wald, dem Schild „Engelsberg W5, Bad Feilnbach" folgend.

Berggasthof Hocheck (904 m)

(1)

Inhaber: Familie Pötzinger
Anschrift: Hocheck 1, 83730 Fischbachau
Telefon: 08028-531
Öffnungszeiten: 9–19 Uhr
Ruhetage: Donnerstag und Freitag
Betriebsurlaub: 2–3 Wochen im Januar, 1 Woche im Oktober
Spielplatz: 1 Schaukel, Bergwiese
Übernachtungsmöglichkeit: 10 Betten in EZ und DZ, Zustellbett möglich
Anfahrt zum Haus: Wir fahren auf der A8 München–Salzburg bis zur Ausfahrt Bad Aibling. Dort geht es rechter Hand Richtung Bad Feilnbach. Nach ca. 3 km folgen wir rechter Hand dem Wegweiser Richtung Fischbachau. Am Kreisverkehr richten wir uns wiederum nach dem Wegweiser „Fischbachau". Die Straße führt in einigen Kehren auf den Hundhamer Berg. Nachdem wir den Parkplatz Tregleralm passiert haben, geht es bergauf und nach ca. 400 m an einer Kuppe scharf rechts zum Berggasthof Hocheck. **Achtung:** Der Abzweig und das Hinweisschild sind spät zu erkennen!
Touren für Übernachtungsgäste:
- vom Wanderparkplatz Tregleralm zur Tregleralm (920 m): Gehzeit 1 Stunde
- von Schwarzenberg Ort über Elbach zur Schwaigeralm (885 m): Gehzeit 1 Stunde 15 Minuten

Anseilen der Kinder: auf einigen Steilstücken der 1. Etappe und 2. Etappe bedingt erforderlich
Kartenmaterial: Kompass Wanderkarte WK8 1:50000 „Tegernsee–Schliersee–Wendelstein"; topographische Karte 1:50000 „Mangfallgebirge" des Bayer. Landesvermessungsamtes
Tourismusinfo: Tourismusbüro Fischbachau, ✆08028-876, www.fischbachau.de; Kur- und Gästeinformation Bad Feilnbach, ✆08066-1444, www.feilnbach.de

Achtung: Dieses Schild ist nur angelehnt, kann also verstellt werden oder umfallen.

▶ Wir gelangen auf einen Forstweg und folgen nach rechts dem Schild „Kogl, Feilnbach W5".

▶ An einer Gabelung des Forstweges gehen wir links weiter bergab. Es gibt hier keine Beschilderung!

▶ An einem Bauernhof richten wir uns nach dem Schild „Bad Feilnbach Nr. 8" und folgen links einem kleinen Pfad über einige Stufen bergab. Achtung: Dieser Weg ist schwer einsehbar.

▶ An einem Gatter folgen wir rechter Hand einem breiten Wanderweg mit der Beschilderung „W 5 Feilnbach".

▶ Ein Schild „Bad Feilnbach" weist uns bergab auf einen Wanderweg durch den Wald.

▶ Ein Forstweg ohne Beschilderung führt weiter bergab.

▶ Vor dem Anwesen Kogl biegen wir links ein, vorbei am Stall, hier ohne Beschilderung. Dann folgen wir gleich wieder links dem Wegweiser „Bad Feilnbach" und kommen auf einen Forstweg.

▶ An einer Gabelung des Forstweges folgen wir rechter Hand dem Schild „Rundweg Nr. 8".

▶ An einer Wegkreuzung gehen wir weiter geradeaus bergab (keine Beschilderung).

▶ Dann folgt eine Gabelung des Forstweges. Unser Weg führt geradeaus bergab weiter, auch hier gibt es keine Beschilderung.

▶ An einer weiteren Gabelung ignorieren wir die Wegweiser „Lippertskirchen, Gunzenloh" und gehen den Weg ohne Beschilderung weiter geradeaus bergab.

▶ Wir unterqueren nun die Hauptstraße entlang eines Baches und folgen einem asphaltierten Fahrweg mit der Beschilderung „Bad Feilnbach Nr. 8", dabei ignorieren wir kleinere Wegabzweigungen.

▶ Wir münden nun geradeaus in die Hochheckstraße und überqueren gleich danach auf einer Brücke den Bach.

▶ Auf der Kufsteiner Straße gehen wir nun geradeaus Richtung Ortsmitte.

▶ Das restliche Wegstück entspricht der 1. Etappe.

Winterwanderung

Die Wege sind im Winter einige Tage nach Schneefällen getrampelt. Bei größeren Neuschneemengen ist die Wanderung jedoch nicht zu empfehlen.

Lohnende Zwischenstationen

Eine alte **Kapelle am Anwesen Sonnenleiten** auf der 1. Etappe kann durch ein Sichtfenster besichtigt werden.

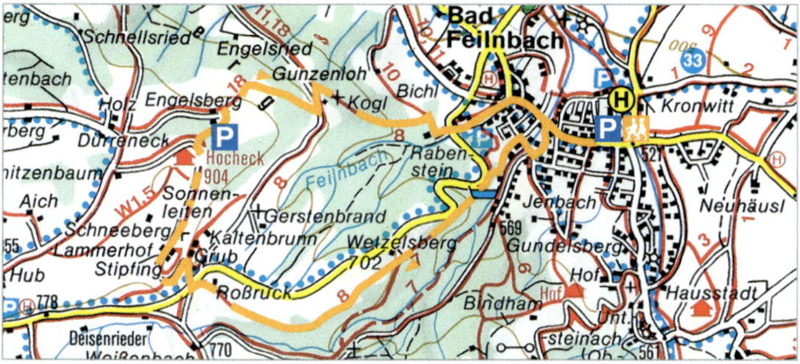

12) Die Alpenkette liegt uns zu Füssen

Berggasthof Schöne Aussicht

Der Name ist Programm: Der Berggasthof, den wir heute erwandern, liegt in Kleinhöhenrain auf einer Anhöhe mit großartigem Panorama. Von dort schweift der Blick vom Hochstaufen, dem Ostpfeiler der Chiemgauer Alpen, über das Inntal samt Kaisergebirge bis hinüber zu den Schlierseer und Tegernseer Bergen.
Aber auch die reichhaltige Speisenkarte aus regionaler Küche kann sich sehen lassen. Tüpfelchen auf dem i sind die Fisch-, Wild- und Grillspezailitäten. Der Gasthof bietet mit großzügigen Räumlichkeiten viel Platz für seine Gäste – was aber auch nötig ist, denn vor allem an Feiertagen ist die „Schöne Aussicht" sehr gut besucht.
Die Route der 1. Etappe verläuft zunächst nördlich vom Schloss Maxhofen über weite Wiesen und Felder. Bereits hier lässt sich erahnen, welch grandioser Rundblick von unserem Ziel aus zu bestaunen sein wird.
Später im Wald gehen wir ein romantisches Wegerl, das mit einigen Stegen über kleine Wasserläufe führt.

Anreise

Der Bahnhof Bruckmühl liegt an der Bahnstrecke Rosenheim–Kreuzstraße–Holzkirchen. Von München aus ist er im 1- bis 2-stündigen Rhythmus über Holzkirchen (BOB), Kreuzstraße (S6) oder Rosenheim zu erreichen.
Wir verlassen die A8 (München–Salzburg) an der Ausfahrt Hofoldinger Forst und fahren über die Ortschaften Peiß, Großhelfendorf und Feldkirchen-Westerham Richtung Bad Aibling. Den Abzweig rechts nach Bruckmühl ignorieren wir, folgen aber gleich darauf dem Wegweiser „Kirchdorf, Maxhofen" linker Hand. In Kirchdorf richten wir uns nach dem Wegweiser „Schullandheim" und fahren rechts in die Schmidstraße. An der nächsten Gabelung folgen wir links wieder dem Wegweiser „Schullandheim". Es folgt eine weitere Gabelung, an der wir uns abermals links an den Wegweiser „Schullandheim" halten und in die Haunpoldstraße einbiegen. An der nächsten Kreuzung geht es rechts weiter in die Maxhofener Straße, dann folgen wir weiter dem Wegweiser „Schullandheim" bis zum Schloss Maxhofen mit seinem Schulland-

Berggasthof Schöne Aussicht (612 m)

(4)

Besitzer: Familie Kaltner
Anschrift: Zur Schönen Aussicht 9, 83620 Kleinhöhenrain
Telefon: 08063-8663
Internet: www.zur-schoenen-aussicht.com
Öffnungszeiten: 9–24 Uhr
Ruhetag: Mittwoch
Betriebsurlaub: keiner
Spielplatz: 1 Rutsche, 1 Schaukel vor dem Haus
Übernachtungsmöglichkeit: 32 Betten in DZ und 3-Bett-Zimmern
Anfahrt zum Haus: Wir verlassen die A8 (München–Salzburg) an der Ausfahrt Hofoldinger Forst und fahren über die Ortschaften Peiß, Großhelfendorf und Feldkirchen-Westerham Richtung Bad Aibling. Den Abzweig rechts nach Bruckmühl ignorieren wir, folgen aber gleich darauf dem Wegweiser „Kirchdorf, Maxhofen" linker Hand. In Kirchdorf richten wir uns nach dem Wegweiser „Schullandheim" und fahren rechts in die Schmidstraße. An der nächsten Gabelung folgen links wieder dem Wegweiser „Schullandheim". An einer weiteren Straßengabelung richten wir uns nach dem Wegweiser „Großhöhenrain" rechter Hand. Wir durchfahren nun die Ortschaft Ginsham und folgen dem Wegweiser „Höhenrain". In Kleinhöhenrain fahren wir links in die Dorfstraße, wo uns ein Schild „Gasthof Zur Schönen Aussicht" den Weg weist.

Touren für Übernachtungsgäste:
- Rundwanderung Hub–Aschhofen–Höhenrain: Gehzeit 1 Stunde 15 Minuten
- Über Ginsham entlang des Moosbaches nach Weihenlinden (Einkehrmöglichkeit): Gehzeit 1 Stunde 20 Minuten einfache Strecke

Anseilen der Kinder: auf der gesamten Wanderung nicht erforderlich
Kartenmaterial: Kompass-Wanderkarte WK181 1:50000 „Rosenheim–Bad Aibling"; topographische Karte 1:50000 „Mangfallgebirge" des Bayerischen Landesvermessungsamtes
Tourismusinfo: Fremdenverkehrsverein Bruckmühl, ✆08662-1493, www.bruckmuehl.de

Der Berggasthof Schöne Aussicht liegt im beschaulichen Ort Kleinhöhenrain.

heim. Gleich danach können wir am Ortsendeschild parken.

1. Etappe

Gehzeit: 🚂 1 Stunde 30 Minuten, 🚗 50 Minuten
Höhendifferenz: 🚂🚗 100 m bergauf

🚂 ▼

▶ Wir verlassen den Bahnhof Bruckmühl nordwärts, vorbei an der Metzgerei Ampletzer, und stoßen auf die Sonnenwiechser Straße, in die wir rechts einbiegen.

▶ An einer Ampel biegen wir links in die Rathausstraße ein, dem Schild „Rathaus, Schule" folgend.

▶ Am Rathausplatz gehen wir an einer Straßengabelung weiter geradeaus.

▶ Am Ende der Rathausstraße biegen wir links in die Schillerstraße ein.

▶ An der nächsten Straßenkreuzung gehen wir rechts und verlassen auf einem Weg für Radfahrer die Ortschaft Bruckmühl.

▶ Nach dem Altenheim unterqueren wir auf einem Rad- und Fußweg die Staatsstraße München–Rosenheim.

▶ Nun folgen wir der Maxhofener Straße weiter geradeaus und kommen nach Kirchdorf. Hier kreuzen wir die Schmidstraße und gehen weiter geradeaus.

▶ An der nächsten Straßengabelung folgen wir rechts dem grünen Radwegweiser „Nr. 9".

▶ Nun biegen wir links über eine Brücke ab und folgen dem braunen Schild „Seidlsäge".

▶ Wir befinden uns wieder auf der Maxhofener Straße und gehen auf dieser, vorbei an einem Friedhof, weiter bis zum Schullandheim Maxhofen.

▸ Am Ortsendeschild von Maxhofen biegen wir rechts auf den Kreuzweg zum Gasthof Schöne Aussicht ein, über eine Bachbrücke.

▸ An der nächsten Weggabelung dem rechten Weg ohne Beschilderung folgen.

▸ Bei einer weiteren Weggabelung geht es links und gleich

wieder rechts. Wir befinden uns weiterhin auf dem Kreuzweg, der hier auf einem Forstweg in Richtung Wald verläuft.

▸ Am Waldrand folgen wir rechts und gleich wieder links dem Kreuzweg in den Wald, dabei beachten wir die Beschilderung „Fremdenverkehrsverein Bruckmühl Nr. 7“.

▸ Wir überqueren einen Holzsteg und gehen rechter Hand auf dem Kreuzweg weiter.

▸ Wir überqueren erneut einen Holzsteg und gehen über einige Stufen bergauf.

▸ Nun führt unser Weg zunächst bergab über einige Stufen und eine Eisenbrücke, dann bergauf zu einer Waldlichtung.

▸ Der Wiesenpfad mündet in einen Forstweg, dem wir weiter bergauf folgen. Nun können wir schon unser Ziel sehen, den Gasthof „Zur Schönen Aussicht“ mit der Kapelle daneben.

▸ An einer Rechtskurve des Forstweges folgen wir weiter dem Kreuzweg. Ein Wiesenpfad führt, zuletzt steil bergauf über einige Stufen, zum Gasthof.

2. Etappe

Gehzeit: 1 Stunde 20 Minuten, 45 Minuten
Höhendifferenz: 100 m bergab

▸ Der Rückweg ist mit dem Hinweg identisch.

Winterwanderung

Die Wege sind im Winter getrampelt.

13) Auf dem Huberspitz

Berggasthaus Huberspitz

In einer kleinen Waldlichtung auf einem Bergkamm zwischen Schliersee und Tegernsee liegt das Berggasthaus Huberspitz. Ein seperates Stüberl ist als Nichtraucherraum ausgewiesen. Die Küche bietet Bergmannskost und Kuchen zu moderaten Preisen an. Auf der großen Terrasse kann man das Panorama der Schlierseer Berge genießen. Besonders zu erwähnen sind die liebevoll eingerichteten und sehr gepflegten Fremdenzimmer der Hütte. Sie liegen alle im 1. Stock und sind geschmackvoll mit Möbeln und Betten aus Fichtenholz ausgestattet.
Die abwechslungsreiche Tour wartet zuerst mit einer Passage steil bergan durch den Wald auf, später, auf der zweiten Hälfte der Wegstrecke, kann man es dann gemütlicher angehen lassen. Dann windet sich der Weg in einigen Kehren leicht ansteigend durch den Fichtenwald bis zum Berggasthaus Huberspitz.
Im Winter wird die Rodelabfahrt geräumt. Das Gefälle ist angenehm leicht, sodass Familien mit ihren Kindern hier weitgehend gefahrlos abfahren können. Zudem bietet der asphaltierte Weg eine perfekte Unterlage.

Anreise

Ab München Hauptbahnhof und München-Harras verkehren nahezu stündlich durchgehende Züge nach Bayrischzell. Wir fahren bis zum Bahnhof Hausham, der genauso oft bedient wird. Die Fahrzeit ab München Hauptbahnhof beträgt ca. 50 Minuten.

Wir verlassen die A8 München–Salzburg bei der Ausfahrt Weyarn und fahren über Miesbach nach Agatharied. Hinter Agatharied geht es an einer Straßengabelung links Richtung Hausham und Tegernsee. In Hausham folgen wir rechts dem Wegweiser Richtung Tegernsee und Gmund. 50 m nach einer Ampelkreuzung biegen wir links bergauf in die Alpenstraße ein. An einer Straßengabelung folgen wir rechts der Alpenstraße weiter bergauf bis zum Wanderparkplatz, der durch die Holztafel „Berggasthaus Huberspitz“ gekennzeichnet ist.

1. Etappe (Aufstieg)

Gehzeit: 1 Stunde 30 Minuten, 1 Stunde
Höhendifferenz: 290 m bergauf, 260 m bergauf

Wir gehen die Straße am Bahnhof in Hausham in nörd-

licher Richtung, also rechter Hand (zunächst Schlierseer Straße, dann Miesbacher Straße).

▶ Nach ca. 200 m folgen wir linker Hand dem Wegweiser für Autofahrer nach Tegernsee.

▶ 50 m nach einer Ampelkreuzung biegen wir links bergauf in die Alpenstraße ein.

▶ An einer Straßengabelung gehen wir links in den Moosrainer Weg (Schild „Anlieger frei").

▶ Vom Wanderparkplatz gehen wir die Teerstraße, auf der wir gekommen sind, wieder ein Stück bergab.

▶ Nun biegen wir scharf rechts in den Moosrainer Weg ein (Schild „Anlieger frei").

▶ An einer Straßengabelung richten wir uns nach dem Schild „Huberspitz, Gindelalm" und gehen rechts leicht bergauf.

▶ An der „Antoniushüttn", einem Vereinsheim, gehen wir leicht rechts auf einem Forstweg weiter bergauf.

▶ Im Wald mündet der Forstweg nun in einen Wanderweg steil bergauf.

▶ An einer Wegkreuzung gehen wir geradeaus entlang des Ba-

Unweit des Schliersees
liegt der Ausgangspunkt unserer Tour
zum Berggasthaus Huberspitz.

ches (Beschilderung: „Huberspitz–Gindelalm").

▶ Der Wanderweg führt nun auf die andere Bachseite und dann in einigen Kehren steil bergauf.

▶ An einer Weggabelung oberhalb des Baches gehen wir links einen nur noch leicht ansteigenden Weg (keine Beschilderung).

▶ Der Wanderweg führt weiter leicht ansteigend in einigen Kehren durch den Fichtenwald.

▶ Am Ende des Waldes mündet der Wanderweg in einen Forstweg, auf dem wir in einer Rechtskurve zum Berggasthof Huberspitz gelangen.

2. Etappe (Abstieg)

Gehzeit: (Bahn) 1 Stunde 15 Minuten, (Auto) 45 Minuten
Höhendifferenz: (Bahn) 290 m bergab, (Auto) 260 m bergab

▶ Der Abstiegsweg ist mit dem Aufstiegsweg identisch.

Winterwanderung

Die Route der Winterwanderung ist geräumt. Gerade an Wochenende ist sie durch Rodler stark frequentiert.

Die **Anreise** erfolgt, wie oben für die Sommerwanderung beschrieben.

Aufstieg (Gehzeit (Auto) ca. 50 Minuten):

▶ Ab dem Wanderparkplatz folgen wir der asphaltierten Forststraße bergauf.

▶ An einer Kehre weist uns das Schild „Huberspitz-Stüberl" den Weg zum Berggasthaus Huberspitz.
Der **Abstieg** (Gehzeit ca. 40 Minuten) ist mit dem Aufstieg identisch.

Rodelabfahrt

Der **Aufstieg** erfolgt auf dem Weg der Winterwanderung. Die **Abfahrt** auf der gleichen Route dauert ca. 15 Minuten.

Lohnende Ziele in der Nähe

Nach der Tour empfiehlt sich die Einkehr im Café Kandlinger in Hausham. Es ist deshalb besonders zu erwähnen, da es neben leichten hausgemachten Kuchen und Torten über 30 verschiedene offene Teesorten aus dem Bremer Teehandelskontor führt, liebevoll serviert mit Kandiszucker, Keks und Sahne. Das Café liegt direkt am beschrankten Bahnübergang in Hausham.

Berggasthaus Huberspitz (1048 m)

Inhaber: Peter Tippl
Anschrift: Huberspitz 1, 83734 Hausham
Telefon: 08026-5981
Öffnungszeiten: 11–23 Uhr
Ruhetage: Montag und Dienstag
Betriebsurlaub: 2 Wochen im September
Spielplatz: große Wiese vor dem Haus
Übernachtungsmöglichkeit: 20 Betten in DZ, 4- und 6-Bett-Zimmern
Anfahrt zum Haus: Die direkte Anfahrt für Übernachtungsgäste zum Haus ist nach telefonischer Absprache mit den Hüttenbetreibern möglich. Hierzu fahren sie ab Wanderparkplatz auf dem Fahrweg bis zum Berggasthaus Huberspitz.

Touren für Übernachtungsgäste:
▶ Gindelalm (1330 m, Sommerbewirtschaftung): Gehzeit 1 Stunde
▶ Berggasthof Neureuth (1263 m, ganzjährig geöffnet): Gehzeit 1 Stunde 50 Minuten

Anseilen der Kinder: auf der ersten Hälfte der 1. Etappe entlang des Baches
Kinderwagentauglichkeit: auf dem Winterweg, wenn schneefrei; mäßige Steigung auf der gesamten Strecke
Kartenmaterial: Kompass Wanderkarte WK8 1:50000 „Tegernsee–Schliersee–Wendelstein"; topographische Karte 1:50000 „Mangfallgebirge" des Bayer. Landesvermessungsamtes
Tourismusinfo: Gemeinde Hausham, ✆08026-3909-0, Ansprechpartnerin: Frau Hanke

14) Auf den Spuren der Kaiserin Sisi

Berggasthof Neureuth

Der Berggasthof Neureuth hat eine lange Geschichte. In der heutigen Form wurde er zwar „erst" 1895 eröffnet, doch schon 1886 war die Kaiserin Elisabeth „Sisi" von Österreich an diesem fantastischen Aussichtsplatz. Was das Kulinarische betrifft, wurde das Berggasthaus vom Bayerischen Staatsministerium als Landkreissieger 2001 im Wettbewerb „Bayerische Küche" für besondere Leistungen zur Erhaltung und Förderung der bayerischen Küche und Wirtshaustradition ausgezeichnet. Im gleichen Jahr erfolgte auch die Auszeichnung als bestes Ausflugslokal im Münchner Umland.
Das Berggasthaus liegt hoch über dem Tegernsee. Von Ost nach West sehen wir die Schlierseer Berge, dahinter erstrecken sich die Gletscherriesen der Hohen Tauern. Weiter sind dann noch Wall- und Setzberg, die Hausberge des Tegernsees, dahinter die Felsenkette des Karwendels zu erkennen. Ganz im Westen sehen wir die Benediktenwand, hinter der die Sonne am Abend glutrot versinkt.
Natürlich erfreut sich so ein Ausflugsziel großer Beliebtheit. Darauf ist der Hüttenwirt aber eingestellt. Die Terrasse hat für etwa 400 Wanderer Platz. Auch im Inneren gibt es in mehreren Gasträume, darunter einem Nichtraucherraum. Wobei es trotz allem an manchen Tagen hier eng werden kann.
Die Wanderung führt auf der 1. Etappe über den alten Sommerweg. Er ist zwar etwas länger als die anderen Wege, verläuft aber immer mäßig ansteigend durch den Schatten spendenden Fichtenwald. Die 2. Etappe verläuft auf dem Forstweg (Winterweg) bis zum oberen Wanderparkplatz, dem Ausgangspunkt für den Rodelausflug. Diese Variante ist bei Schlechtwetter auch für den Aufstieg zu empfehlen, da die anderen Waldwege nach Regen oft noch einige Tage sehr glitschig sind.
Auf dem weiteren Abstieg zum unteren Wanderparkplatz öffnen sich immer wieder schöne Tiefblicke zum See.
Im Winter erfordert die Rodelabfahrt einiges an Fahrkönnen, da es auf der Forststraße in Kehren steil bergab geht.

Anreise

Ab München Hauptbahnhof und München-Harras verkehren nahezu stündlich durch-

Von der Terrasse des Berggasthofs Neureuth geht der Blick im Südwesten hinüber zum Leonhardstein und zum Hirschberg.

gehende Züge nach Tegernsee. Die Fahrzeit ab München Hauptbahnhof beträgt ca. 65 Minuten.

🚗 Wir verlassen die A8 München–Salzburg bei der Ausfahrt

Holzkirchen und fahren über Warngau nach Gmund. Im Ort folgen wir den Wegweisern nach Tegernsee. In Tegernsee biegen wir ca. 1 km nach dem Ortseingang, an der ersten Ampelanlage, links bergauf in die Hochfeldstraße ein, dem Schild „P4–Bahnhof" folgend. Hernach geht es links in die Karl-Theodor-Straße, wieder weist ein Schild „P4–Bahnhof" den Weg. Danach biegen wir links in den Bahnhofsplatz ein. Gegenüber dem Bahnhof und 200 m weiter bergauf in der Klosterwachtstraße stehen Parkplätze zur Verfügung.

1. Etappe (Aufstieg)

Gehzeit: 1 Stunde 40 Minuten
Höhendifferenz: 510 m bergauf

▸ Am Bahnhof richten wir uns nach dem Schild „Neureuth" und folgen der Klosterwachtstraße bergauf.

▸ Von der Klosterwachtstraße, der zweiten Parkmöglichkeit, gehen wir den Nigglweg bergauf und folgen wir dem Schild „Neureuth".

▸ Am Eingang zum Hotel „Bayern", zu erkennen an dem schmiedeeisernen Tor, gehen wir links in den Ludwig-Gschossmann-Weg (keine Beschilderung).

▸ An einer Garageneinfahrt achten wir auf das Schild „Neureuth" und folgen geradeaus einem leicht ansteigenden Wanderweg.

▸ An einer Weggabelung weist uns das Schild „Neureuth" links auf einen weitgehend ebenen Wanderweg.

▸ An einer weiteren Weggabelung richten wir uns wieder

nach der Beschilderung „Neureuth“ und folgen einem Wanderweg bergauf.

▶ Bei der nächsten Weggabelung folgen wir dem Schild „Neureuth über alten Sommerweg“ geradeaus.

▶ Erneut kommen wir an eine Gabelung; hier weist uns wiederum ein Schild „Neureuth“ den Weg rechter Hand bergauf.

▶ Ein Wanderweg steigt in vielen Kehren durch Fichtenwald an.

▶ An einer Weggabelung achten wir jetzt auf das Schild „Neureuth über alten Sommerweg“ und folgen einem Forstweg linker Hand, der weitgehend eben verläuft.

▶ Nach 50 m kommen wir wiederum an eine Weggabelung und richten uns wieder nach dem Schild „Neureuth über alten Sommerweg“. Es geht rechter Hand auf einem Wanderweg bergauf weiter.

▶ Bei einer Gabelung des Wanderweges folgen wir dem Schild „Neureuth“ rechter Hand weiter bergauf.

▶ An einer weiteren Weggabelung gehen wir links weiter bergauf (keine Beschilderung).

▶ An der nächsten Gabelung ist unser Weg – er führt linker Hand weiter – wieder mit „Neureuth über alten Sommerweg" beschildert.

▶ An einem Unterstandshäuschen kommen wir nun auf einen Forstweg, den wir weiter bergauf gehen (Beschilderung: „Neureuth").

▶ Am Ende des Waldes gehen wir durch ein Gatter und folgen dem Schild „Neureuth" über eine Bergwiese bis zum Berggasthof Neureuth.

2. Etappe (Abstieg)

Gehzeit: 1 Stunde 15 Minuten
Höhendifferenz: 510 m bergab

▶ Am Berggasthof Neureuth folgen wir der Wegweisung „Tegernsee–Winterweg". Der Weg führt in vielen Kehren bergab.

▶ Ab dem Wanderparkplatz gehen wir die Teerstraße bergab bis zur Olaf-Gulbransson-Straße.

▶ Am Ende der Olaf-Gulbransson-Straße folgen wir links einem Wanderweg mit der Beschilderung „Tegernsee–Treppenweg".

▶ An einer Weggabelung gehen wir einen Wanderweg über einige Treppen rechter Hand bergab, es gibt keine Beschilderung.

▶ Wir überqueren die Neureuthstraße.

▶ Dann gehen wir auf einem asphaltierten Fußgängerweg ohne Beschilderung entlang des Zaunes über einige Treppen bergab.

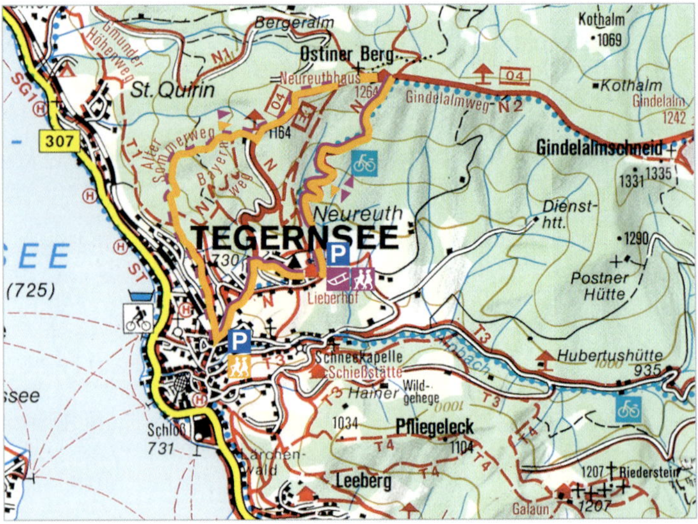

Berggasthof Neureuth (1264 m)

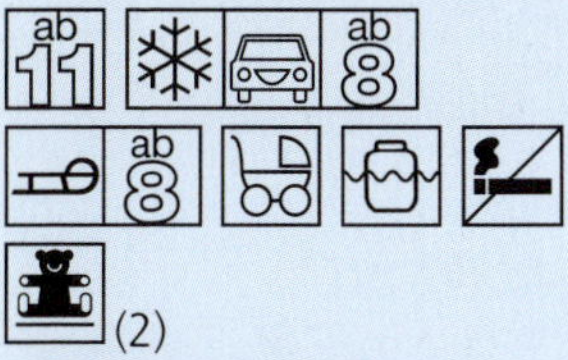

(2)

Inhaber: Erich Fink
Anschrift: Neureuth 1, 83684 Tegernsee
Telefon: 08022-4408
Öffnungszeiten: 8.30–18 Uhr
Ruhetag: Montag (außer Feiertag; in diesem Fall ist am Dienstag geschlossen!)
Betriebsurlaub: Vom letzten Montag im November bis Weihnachten; 1–2 Wochen vor oder nach Ostern
Spielplatz: große Almwiese am Schlussanstieg
Anseilen der Kinder: auf der 1. Etappe im Waldstück bedingt erforderlich
Kinderwagentauglichkeit: bedingt auf dem Winterweg ab dem oberen Wanderparkplatz
Kartenmaterial: Kompass Wanderkarte WK08 1:30000 „Tegernseer Tal"; Kompass Wanderkarte WK8 1:50000 „Tegernsee–Schliersee–Wendelstein"; topographische Karte 1:50000 „Mangfallgebirge" oder 1:25000 „Tegernsee–Schliersee" des Bayer. Landesvermessungsamtes
Tourismusinfo: Tourist Information Tegernsee, ✆08022-1801-40, www.tegernsee.de

▶ Wir stoßen erneut auf die Neureuthstraße und gehen diese linker Hand bergab.
▶ Am Ende der Neureuthstraße biegen wir rechts in den Bahnhofsplatz, zu unserem Ausgangspunkt, ein.

Winterwanderung

Bei geringer Schneelage können wir den Aufstieg der 1. Etappe wie für die Sommerwanderung beschrieben wählen, dann ist der Weg getrampelt. Sollte sehr viel Schnee gefallen sein, empfehlen wir den Aufstieg über den „Winterweg", das ist der geräumte Forstweg im oberen Teil – bis dahin ist der Weg getrampelt –, wie nachstehend beschrieben. Der Forstweg ist allerdings gerade an Wochenenden von Rodlern stark frequentiert.
Anreise: Mit dem eigenen PKW kann man sich den Aufstiegsweg verkürzen, indem man den oberen Wanderparkplatz am Ende der Teerstraße benutzt. Dazu fahren wir am Bahnhofsvorplatz über die Neureuthstraße bis zu deren Ende hinter dem Lieberhof. Vor der Olaf-Gulbransson-Straße biegen wir rechts zum Wanderparkplatz ein.

Aufstieg (Gehzeit 🚂 1 Stunde 45 Minuten, 🚗 1 Stunde 10 Minuten):

🚂 ▼

▶ Am Bahnhofsplatz gehen wir südwärts (in Fahrtrichtung des ankommenden Zuges), bis zum Ende des Platzes, etwa 100 m.

▶ Wir biegen scharf links ein und folgen der Neureuthstraße bergauf (Beschilderung: „Neureuth–Winterweg").

▶ Nach 200 m sehen wir das Schild „Neureuth–Winterweg" und nehmen rechter Hand den asphaltierten Weg über einige Stufen bergauf.

▶ Wir überqueren die Neureuthstraße und folgen der Wegweisung „Neureuth".

▶ An einer Weggabelung richten wir uns wieder nach dem Schild „Neureuth" und gehen bergauf.

▶ Wir stoßen nun auf die Olaf-Gulbransson-Straße. Hier folgen wir nicht dem Wegweiser „Neureuth", sondern biegen rechts in diese Straße ein.

▶ Am Ende der Olaf-Gulbransson-Straße, dem Beginn der Neureuthstraße, biegen wir links in die Straße zum Wanderparkplatz ein.

🚂 🚗 ▼

▶ Vom Wanderparkplatz folgen wir dem Forstweg mit dem Schild „Anlieger frei".

▶ An einer Weggabelung des Forstweges wählen wir den rechten Weg, der mit „Neureuth–Winterweg" beschildert ist. Er führt in vielen Kehren hinauf zum Berggasthof.

Abstieg (Gehzeit 🚂 1 Stunde 25 Minuten, 🚗 1 Stunde): Der Weg ist mit dem Aufstiegsweg der Winterwanderung identisch.

Rodelabfahrt

Anreise: Wir empfehlen grundsätzlich die Anreise mit Pkw und die Benutzung des oberen Wanderparkplatzes, da der Aufstieg vom Bahnhof über die Neureuthstraße (Fahrverkehr!) ca. 20 Minuten dauert. Die Anreise zum Wanderparkplatz ist unter „Winterwanderung" beschrieben.

Aufstieg (Gehzeit 1 Stunde 10 Minuten): Der Aufstiegsweg ist identisch mit dem der Winterwanderung.

Abfahrt: Sie dauert ca. 20 Minuten und erfordert aufgrund der Steilheit einiges an Fahrkönnen.

Lohnende Ziele in der Nähe

Nach der Tour empfehlen wir noch eine kleine Bootsrundfahrt auf dem Tegernsee, zum Beispiel beim Bootsverleih Rixner am Schlosscafé in der Nähe der Schiffsanlegestelle. Neben dem Ausleihen von Ruder-, Tret- und Elektrobooten ist auch eine Rundfahrt mit dem Motorboot „Hecht" möglich. Dabei erfährt man auch Wissenswertes und Geschichtliches über den Tegernsee. Der Bootsverleih (✆08022-1554) ist von Anfang April bis Ende Oktober geöffnet.

15) Kleines Paradies in den Blaubergen

Siebenhütten

Wenn man sich auf die Tour ab Wildbad Kreuth macht, geht man nicht auf einen Berggasthof, nein, man geht nach Siebenhütten, wie es auf den Wegweisern eindeutig steht. Gemeint ist nur eine Hütte! Sie liegt idyllisch unter Ahornbäumen, die Schatten für den großen Gastgarten spenden. Da schmeckt die typische Bergmannskost besonders gut, ebenso die hausgemachten Kuchen.
Die Wanderung bietet auf der 1. Etappe immer wieder Abstecher zu Uferpfaden entlang der Hofbauernweißach. Man glaubt schon fast, man wäre hier in der Kulisse eines Heimatfilmes. Da rauscht der Bach, und vor uns, nach Süden hin, erheben sich die Blauberge. Der höchste Gipfel ist die Halserspitze mit 1862 Metern.
Die 2. Etappe führt uns auf das Hochufer der Hofbauernweißach. Da lohnt ein Abstecher zum Gasthof Altes Bad wie auch zur Hanns-Seidl-Stiftung, bekannt durch die Klausurtagungen der Union alljährlich im Januar.

Anreise

Von München Hauptbahnhof und München-Harras bestehen nahezu stündlich durchgehende Zugverbindungen nach Tegernsee. Die Fahrzeit ab München Hauptbahnhof beträgt ca. 65 Minuten. Der Anschlussbus (RVO-Linie 9556 Richtung Kreuth-Gramai), den wir bis zur Haltestelle Wildbad Kreuth benützen, verkehrt im 1- oder 2-stündigen Takt, an allen Tagen. Info unter ✆08022-3980 oder im Internet unter www.rvo-bus.de.

Von der Ausfahrt Holzkirchen an der A8 München–Salzburg fahren wir über Warngau und Gmund nach Bad Wiessee. Dort folgen wir der Beschilderung Richtung Achensee. Etwa 2 km hinter Kreuth sehen wir einen Wanderparkplatz mit Hinweisschild „Altes Bad, Wildbad Kreuth".

1. Etappe

Gehzeit: 40 Minuten (über die Pfade entlang des Baches etwa 50 Minuten)
Höhendifferenz: 50 m bergauf

▶ Ab dem Wanderparkplatz folgen wir linker Hand einer Straße (Beschilderung: „Altes Bad, Wildbad Kreuth").

▶ Nachdem wir die Brücke über die Weißach überquert haben, folgen wir den Schildern „Gaißalm, Königsalm, Siebenhütten" und biegen rechter Hand in einen Wanderweg ein.

▶ An einer Linkskurve des Wanderweges können wir entweder dem Wanderweg folgen oder geradeaus einen Wiesenpfad gehen, der uns in einer Linkskurve entlang des Baches ebenfalls zur folgenden Weggabelung an der Brücke führt.

▶ An einer Weggabelung richten wir uns nach den Schildern „Gaißalm, Königsalm, Siebenhütten" und überqueren rechter Hand den Bach auf einer Brücke.

▶ Nach etwa 30 Metern folgen wir an einer Weggabelung linker Hand einem Forstweg (Beschilderung: „Gufferthütte, Siebenhütten"). Hier können wir auch den parallel verlaufenden Uferpfad gehen, der immer wieder auf den Forstweg mündet und für Kinder sicherlich reizvoller ist. Auch können wir je nach Wasserstand flussaufwärts Teile des Bachbettes benützen. Lediglich auf dem letzten Drittel des Weges müssen wir bis zur Hütte auf dem Forstweg gehen.

▶ Der Forstweg führt uns nun weiter flussaufwärts.

▶ Wenn wir die Hütte mit dem Gastgarten auf der gegenüberliegenden Uferseite schon sehen, gehen wir linker Hand auf einem Wanderweg ohne Beschilderung über die Brücke zur Hütte.

Siebenhütten (837 m)

ab 4 | Kinderwagen | Hütte

Besitzer: Gabriele Mesner
Anschrift: Wildbad Kreuth 6, 83708 Wildbad Kreuth
Telefon: 08029-1228
Öffnungszeiten: 8–18 Uhr (nur im Sommer geöffnet)
Ruhetag: Dienstag
Betriebsurlaub: vom Montag nach dem 2. Sonntag im Oktober bis Mitte Mai
Spielplatz: Bergwiesen, Bach sowie Bachbett an der Hütte
Anseilen der Kinder: entlang der Uferpfade bedingt erforderlich
Kinderwagentauglichkeit: uneingeschränkt! Weitgehend eben, zwei kurze Steigungen
Kartenmaterial: Kompass Wanderkarte WK08 1:30000 „Tegernseer Tal" oder WK8 1:50000 „Tegernsee–Schliersee–Wendelstein"; Alpenvereinskarte 7/1 1:25000 „Tegernsee–Schliersee"; topographische Karte 1:50000 „Mangfallgebirge" des Bayer. Landesvermessungsamtes
Tourismusinfo: Kurverwaltung Kreuth, ✆08029-1819, www.kreuth.de

2. Etappe

Gehzeit: 45 Minuten
Höhendifferenz: 70 m bergab, 20 m bergauf

▶ Wir verlassen die Hütte durch den Gastgarten in nördlicher Richtung (flussabwärts) und folgen dem Schild „K8". Der Weg verläuft zunächst eben, dann bergauf, anschließend wieder eben.

▶ An einer Weggabelung ignorieren wir das Schild „Wolfschlucht, Blauberge, Schildenstein" ebenso wie das Schild „Stangenhäusl, Halserspitz" und gehen auf einem Wanderweg ohne Beschilderung geradeaus weiter.

Die Siebenhüttenalm hat einen lauschigen Biergarten.

▶ Kurz darauf gabelt sich der Weg wieder. Wir nehmen den linken Wanderweg, entlang des Hochufers, ohne Beschilderung.
▶ An einer Weggabelung ignorieren wir das Schild „Kiem-Pauli-Weg" und „Über Königsdenkmal nach Siebenhütten" und gehen nun linker Hand auf einem Wanderweg ohne Beschilderung weiter.
▶ An einer Weggabelung unweit des Gasthauses „Altes Bad" richten wir uns nach der Beschilderung „Forellenzucht Wildbad Kreuth". Der Forstweg verläuft linker Hand zunächst bergab, dann wieder eben.
▶ An einer Weggabelung vor der Brücke, die über den Bach führt, stoßen wir wieder auf unsere Route vom Hinweg und folgen rechter Hand dem Wanderweg mit der Beschilderung „Kreuth–Parkplatz".

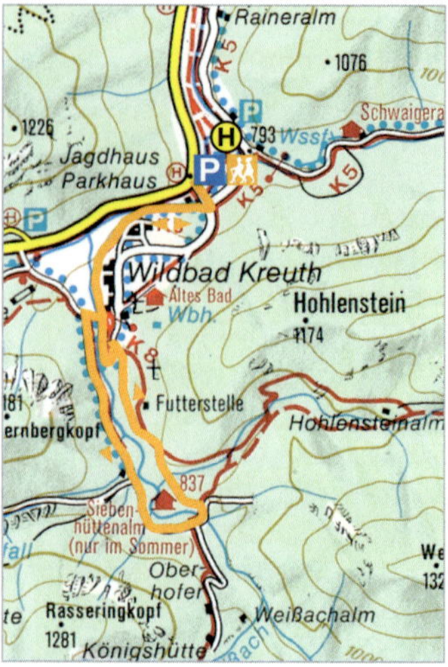

▶ Die restliche Wegstrecke ist identisch mit der 1. Etappe.

Winterwanderung

Wegen Lawinengefahr ist dringend davon abzuraten, diese Wanderung im Winter zu unternehmen. Die Hütte ist ohnehin nur im Sommer bewirtschaftet!

Lohnende Zwischenstationen

Das **Wirtshaus Altes Bad** verdankt seinen Namen den Kuranwendungen, die hier früher verabreicht wurden. Vor dem Gastgarten fließt immer noch der schwefel- und eisenhaltige Bach. Hierher lohnt immer ein Abstecher zu Kaffee und Kuchen oder auch zur Mittagseinkehr. Die Kapelle neben dem Gasthof ist nur zu den Gottesdiensten an einigen Sonntagen geöffnet.

Lohnende Ziele in der Nähe

Nach der Tour empfehlen wir noch eine kleine Bootsrundfahrt auf dem Tegernsee, zum Beispiel beim Bootsverleih Rixner in Tegernsee-Ort am Schlosscafé in der Nähe der Schiffsanlegestelle. Neben dem Ausleihen von Ruder-, Tret- und Elektrobooten ist auch eine Rundfahrt mit dem Motorboot „Hecht" möglich. Dabei erfährt man Wissenswertes und Geschichtliches über den Tegernsee. Der Bootsverleih (✆08022-1554) ist von Anfang April bis Ende Oktober geöffnet.

Waldherralm

Die Waldherralm liegt am Eingang des Isartales, auf einer Anhöhe am Fuße von Heigelkopf und Blomberg. Von der nach Südosten ausgerichteten Terrasse schweift der Blick über das Isartal hinüber zum Geierstein. Seit 1938 wird die Waldherralm als Familienbetrieb geführt und erhielt vom Bayerischen Staatsministerium bereits mehrere Auszeichnungen im Wettbewerb „Bayerische Küche". Dementsprechend reichhaltig ist die Speisenkarte, von warmen Gerichten bis hin zu bayerischen Brotzeiten und hausgemachten Kuchen. Es wird auch eine Kinderkarte angeboten.
Auf dem Weg der Sommerwanderung schlängelt sich der Waldweg romantisch entlang des Einbaches zur Dachshöhle – ein Abenteuer für Ihre Kinder! In einer steil abfallenden Felswand bildet die Höhle ein natürlich entstandenes theaterartiges Halbrund. Weiter geht es zumeist auf Wiesenpfaden nach Süden in das Isartal, mit Blick auf die Benediktenwand.
Die Route der Winterwanderung verläuft leicht verändert auf einem Forstweg und einer Straße, bevor wir unsere Sommerroute auf Wanderwegen erreichen.

Anreise

Ab München Hauptbahnhof und München-Harras bestehen nahezu stündlich durchgehende Zugverbindungen nach Lenggries. Wir fahren bis zum Bahnhof Bad Tölz, der genauso oft bedient wird. Die Fahrzeit beträgt ca. 50 Minuten. Ab Bad Tölz Bahnhof benutzen wir RVO-Bus 9612 Richtung Kochel (Montag bis Freitag alle 1–2 Stunden, Samstag, Sonntag und Feiertag alle 2 Stunden) oder Bus 9591 Richtung Penzberg (nur einige Kurse Montag bis Freitag). Wir fahren bis zur Haltestelle Ruh am Bach, das ist eine Haltestelle vor der Talstation der Blombergbahn. Die Busse sind auf die Ankunfszeiten der Züge abgestimmt. Infos beim RVO unter ✆08821-948274, im Internet unter www.rvo-bus.de.

Von München aus fahren wir auf der A95 München–Garmisch-Partenkirchen bis zur Ausfahrt Penzberg und weiter Richtung Bad Tölz bis zum Parkplatz an der Talstation der Blombergbahn. Von der A8 München–Salzburg erreichen wir unseren Ausgangspunkt

Nicht nur Kinder haben auf der Blomberg-Sommerrodelbahn am Ausgangspunkt unserer Tour jede Menge Spaß.

über die Ausfahrt Holzkirchen und die Südumgehung von Bad Tölz Richtung Kochel am See.

1. Etappe

Gehzeit: 🚂 1 Stunde 10 Minuten, 🚗 1 Stunde 30 Minuten
Höhendifferenz: 🚂🚗 80 m bergauf

🚂 ▼

▶ Wir folgen dem Autowegweiser „Wackersberg“ auf einem Rad- und Fußweg bis zum Restaurant „Treibhaus“.

🚗 ▼

▶ Am Parkplatz der Blombergbahn richten wir uns nach dem Wegweiser „Fußweg Kurzentrum“ und nehmen die Unterführung unter der Hauptstraße.
▶ Gleich nach der Unterführung gehen wir nach dem Wegweiser „Bad Tölz“ und folgen einem Rad- und Fußweg entlang der Hauptstraße bis zum Restaurant „Treibhaus“.

🚂🚗 ▼

▶ Wir folgen nun rechter Hand dem Wegweiser „Waldherralm, Wackersberg“ und gehen entlang der Straße durch die Unterführung.
▶ Nach dem Ortschild „Steinsäge“ biegen wir linker Hand auf einen Wanderweg ein und folgen dem Wegweiser „Zu den Dachshöhlen“.
▶ An einer Gabelung bleiben wir weiter auf dem Weg entlang des Einbaches (auch hier steht ein Wegweiser „Dachshöhle“).
▶ An einer weiteren Weggabelung machen wir zunächst einen Abstecher zur Dachshöhle. Der Weg führt entlang des Einbaches und ist wiederum mit „Dachshöhle“ beschildert.
▶ Wir gehen nun den Wanderweg bis zur eben genannten Gabelung zurück. Dort folgen wir bergauf dem Wegweiser „Geo-Kulturpfad Bad Tölz“.
▶ Am Ende des Waldes achten wir auf den Wegweiser „Waldherralm“ und gehen rechter Hand einen Wiesenzaun entlang.
▶ An der Einmündung auf einen asphaltierten Fahrweg folgen wir linker Hand dem Wegweiser „Waldherralm über Pestkapelle“.
▶ An einer Gabelung des asphaltierten Fahrweges gehen wir rechts (Wegweiser „Waldherralm über Pestkapelle“).

An der Straßengabelung vor der Ortschaft Bach achten wir erneut auf den Wegweiser „Waldherralm über Pestkapelle" und folgen einem Forstweg linker Hand nach Bach.

An einer Kreuzung des Forstweges folgen wir dem Wegweiser „Waldherralm" geradeaus.

Nach etwa 30 m biegen wir nun rechter Hand, über den Bach, in einen Wanderpfad ein (Wegweiser „Waldherralm, Blomberg, Zwiesel").

Der Wanderweg mündet nun wenige Meter auf einen Forstweg ein, dann folgen wir einem Wiesenpfad mit dem Wegweiser „Waldherralm".

Der Wanderweg kreuzt nun einen Forstweg, wir gehen weiter geradeaus, dem Wegweiser „Waldherralm" folgend, bis zur Waldherralm.

2. Etappe

Gehzeit: 1 Stunde 10 Minuten, 1 Stunde 30 Minuten
Höhendifferenz: 80 m bergab

Der Rückweg verläuft auf der gleichen Route wie der Hinweg.

Winterwanderung

Anreise:

Wir fahren ab Bad Tölz Bahnhof mit Bus 9612 (Richtung Kochel) oder Bus 9591 (Richtung Penzberg) bis Haltestelle Blombergbahn.

Die Anreise erfolgt, wie unter der Sommerwanderung beschrieben.

1. Etappe (Gehzeit 1 Stunde 30 Minuten): Die Forstwege sind im Winter geräumt, ebenso die Fahrwege. Die Wanderwege und Wiesenpfade sind einige Tage nach Neuschnee getrampelt. Abweichend von der Sommerwanderung gehen wir folgende Route:

▸ Am östlichen (Richtung Bad Tölz gelegenen) Ende des Parkplatzes der Blombergbahn folgen wir einem Forstweg mit dem Wegweiser „Waldherralm über Sauersberg" bergauf.

▸ Am Ende des Waldes verläuft der Weg weitgehend eben an einer Pferdekoppel vorbei.

▸ An einer Gabelung des Forstweges gehen wir linker Hand bergab (an diesem Weg sehen wir ein Schild „Schritttempo fahren, entgegenkommende Pferde").

▸ Der Forstweg mündet nun auf eine Straße, der wir rechter Hand folgen (keine Beschilderung).

▸ Wir folgen weiter der Straße und achten auf die Beschilderung „Waldherralm".

▸ An einer Linkskurve der Straße richten wir uns nach dem Wegweiser „Waldherralm" und folgen einem Fußweg.

▸ Wir folgen den Wegweisern „Waldherralm" bis zur Waldherralm und befinden uns nun auf dem oben beschriebenen Weg der Sommerwanderung.

2. Etappe (Gehzeit 1 Stunde 30 Minuten): Der Rückweg erfolgt auf der gleichen Route wie der Hinweg (Winterwanderung).

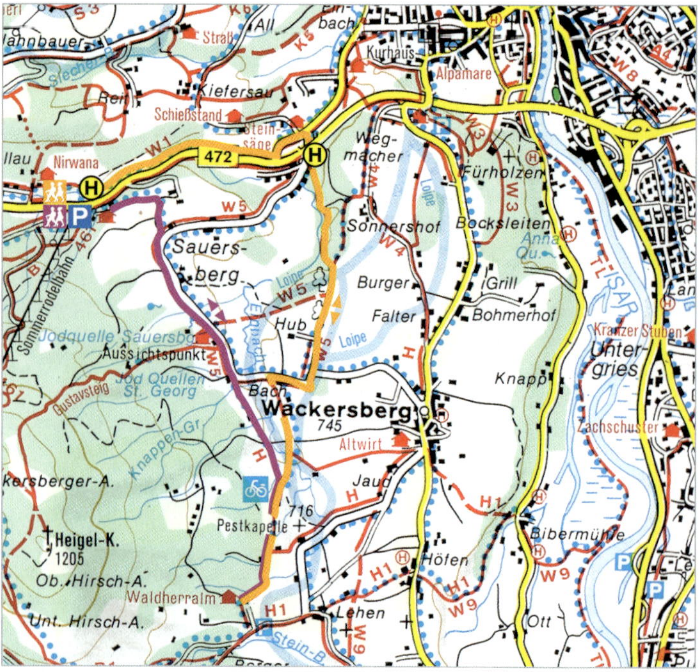

Waldherralm (740 m)

(1)

Besitzer: Georg Längst
Anschrift: Ausflugsgaststätte Waldherralm, 83646 Wackersberg bei Bad Tölz
Telefon: 08041-9520
Öffnungszeiten: 9–22 Uhr
Ruhetag: Dezember bis Juni Montag und Dienstag; Juli bis November nur Montag
Betriebsurlaub: 3–4 Wochen von der ersten Novemberhälfte bis Anfang Dezember
Anseilen der Kinder: im Bereich des Einbaches in der Nähe der Dachshöhle bedingt erforderlich
Kartenmaterial: Kompass Wanderkarte WK7 1:50000 „Murnau–Kochel–Staffelsee"; topographische Karte 1:50000 „Bad Tölz–Lenggries" des Bayer. Landesvermessungsamtes
Tourismusinfo: Tourist-Information Bad Tölz, ✆08041-786715, www.bad-toelz.de; Gästeinformation Lenggries, ✆08042-50180, www.lenggries.de

Lohnende Zwischenstationen

Die **Dachshöhle** ist über den Geo-Kultur-Pfad erreichbar und liegt in einer steil abfallenden Felswand, die ein natürlich entstandenes theaterartiges Halbrund bildet. Die bis zu acht Meter hohe Gesteinsschicht östlich des Einbaches unterscheidet sich klar von den darüber liegenden bewaldeten Moränenablagerungen. Die Höhlen sind längsoval ausgeformt und in mehreren Lagen übereinander horizontal angeordnet. Das umgebende Gestein ist so genannter Nagelfluh.
Die **Pestkapelle** ist über einen beschilderten Abzweig am Wanderweg zu erreichen. Sie wurde der Überlieferung zufolge nach der Pestepidemie während des Dreißigjährigen Krieg von den nur sieben Überlebenden der Gemeinde Wackersberg erbaut. Sie legten sogleich das Gelöbnis ab, immer am Sebastianitag, also am 20. Januar, einen Dankgottesdienst in der Kapelle abzuhalten. Dieses Gelöbnis von 1634 wird bis heute von der Gemeinde treu gehalten. Über dreihundert tote Wackersberger, die der Pest zum Opfer fielen, ruhen unter dem Hügel vor der ehrwürdigen Kapelle.

Lohnende Ziele in der Nähe

Nach der Tour empfehlen wir einen Abstecher zum Freizeitpark Blombergbahn. Dort warten ein Kindervergnügungspark mit Trampolinanlage und eine Sommerrodelbahn. Infotelefon: 08041-3726, Internet: www.blombergbahn.de.

17) Traumblick auf den Walchensee

Jocheralm

Die Jocheralm ist eine Almhütte mit Sommerbewirtschaftung

am Südhang des Jochberges. Sie wurde in der heutigen Form 1872 erbaut. Vor 600 Jahren war die Alm im Besitz des Kloster Benediktbeuern. Von der nach Osten ausgerichteten Terrasse geht der Blick hinüber zu Rabenkopf und Benediktenwand. Da schmecken die bayerischen Brotzeiten – Käse, Butter und Milch sind aus eigener Herstellung – ebenso wie Kaiserschmarrn, Hüttensuppe und hausgemachte Kuchen.
Die Wanderung führt auf der 1. Etappe durch schönen Mischwald, der immer wieder den Blick hinüber zum Herzogstand ermöglicht, bergauf. Ein Aussichtpunkt bietet herrliche Tiefblicke auf den Kochelsee. Nach der Hütteneinkehr bietet sich noch der kurze Anstieg direkt von der Hütte zum Jochberg an. Die Aussicht ist überwältigend. Tief unter uns liegen Kochel- und Walchensee, im Süden grüßen die Felsketten von Karwendel und Wetterstein. Die 2. Etappe bietet im unteren Teil des Weges schöne Tiefblicke auf den Walchensee. Die türkise Farbe des Wassers ist atemberaubend. Der Fahrweg nach Urfeld entlang des Ufers bietet viele lauschige Plätzchen am See, auch mit Bänken. Sie laden zum Verweilen oder Baden im See ein.

Anreise

Ab München Hauptbahnhof und München-Pasing gibt es mindestens stündlich Züge nach Tutzing (Strecke München–Garmisch-Partenkirchen–Mittenwald–Innsbruck). Dort steigen wir in den Anschlusszug nach Kochel. Einige Züge fahren auch direkt nach Kochel durch. Die Fahrzeit von München Hauptbahnhof nach Kochel beträgt etwa 60 Minuten. In Kochel-Bahnhof fahren wir mit RVO-Bus 9608 Richtung Wallgau und Garmisch, bis zur Haltestelle Kesselberg-Passhöhe. Auch an Samstagen, Sonn- und Feiertagen gibt es mehrmals Fahrmöglichkeiten, die eine Wanderung ermöglichen. Info unter ✆08821-948274 oder im Internet unter www.rvo-bus.de.

Wir fahren auf der A95 München–Garmisch-Partenkirchen bis zur Ausfahrt Großweil. Über Großweil und Schlehdorf kommen wir nach Kochel. Dort biegen wir rechts ab Richtung Mittenwald/Innsbruck und fahren auf der Kesselbergstraße bis zur Passhöhe. Gleich danach geht es noch wenige Meter bergab, dann sind wir am oberen Wanderparkplatz. Nach zwei Kehren gibt es einen weiteren Wanderparkplatz.

1. Etappe (Aufstieg)

Gehzeit: 1 Stunde 30 Minuten
Höhendifferenz: ca. 520m bergauf

▶ Wir gehen von der Bushaltestelle in Fahrtrichtung des Busses entlang der Straße (Beschilderung: „Zum Jochberg").

▶ Wer sein Auto am unteren Wanderparkplatz abgestellt hat, steigt linker Hand einige Stufen bergauf (keine Beschilderung).
▶ Dann geht er an einer weiteren Kehre der Hauptstraße auf der linken Fahrbahnseite (Bergseite) wenige Meter bergauf zum oberen Wanderparkplatz. In diesem Bereich müssen die Kinder unbedingt an der Hand genommen werden!

▶ Am oberen Wanderparkplatz überqueren wir die Straße und folgen über einige Stufen bergauf dem Schild „Jochberg" in den Wald.
▶ Der Wanderweg führt nun in vielen Kehren bergauf.
▶ Nach ca. 45 Minuten kommen wir an eine Weggabelung ohne Beschilderung. Links befindet sich ein Aussichtspunkt mit Blick auf den Kochelsee. Wir gehen rechter Hand bergauf.
▶ An einer Weggabelung richten wir uns nach dem Schild „Jocheralm 15 Minuten" und folgen rechter Hand zunächst

eben, dann wieder bergauf einem Wanderweg zur Jocheralm.

2. Etappe (Abstieg)

Gehzeit: 🚂 1 Stunde 45 Minuten, 🚗 2 Stunden
Höhendifferenz: 🚂 580 m bergab, 🚗 580 m bergab und 50 m bergauf

🚂🚗▼

▶ An der Jocheralm folgen wir der Forststraße mit dem Wegweiser „Sachenbach" bergab.

▶ An einer scharfen Linkskurve der Forststraße gehen wir rechter Hand einen Wanderweg bergab (Beschilderung: „Sachenbach").

▶ An einer Gabelung des Wanderweges richten wir uns wieder nach dem Schild „Sachenbach". Der Weg führt steil bergab.

▶ Wir folgen nun der Wegweisung „Walchensee" weiter auf dem Wanderweg bergab.

▶ An einer Kehre des Wanderweges beachten wir den Wegweiser „Sachenbach, Urfeld" und gehen auf dem Wanderweg weiter bergab. Der Wegweiser ist mit roter Farbe auf einen Baum gesprüht.

▶ Wir kreuzen nun einen Forstweg und folgen dem Wanderweg weiter bergab. Wir beachten dabei den Wegweiser „Sachenbach", der auch hier mit roter Farbe auf einen Baum gesprüht ist.

▶ Wir kommen ans Ufer des Walchensees und folgen hier rechter Hand dem Wegweiser „Urfeld". Ein asphaltierter Fahrweg führt entlang des Walchensees. Dieser Fahrweg ist für den öffentlichen Autoverkehr gesperrt.

Sonnenaufgang über dem Jochberg am Walchensee – er ist das Ziel dieser Tour.

▶In Urfeld am Hotel Post mündet der Fahrweg auf die Hauptstraße.

🚂▼

▶Wir gehen linker Hand wenige Meter entlang der Hauptstraße zur Bushaltestelle. **Achtung:** Der Einstieg für die Rückfahrt nach Kochel ist nur hier möglich, am Kesselbergpass, unserem Ausgangspunkt, gibt es keine Haltestelle zur Rückfahrt!

🚗▼

▶Wir gehen am Hotel Post rechter Hand entlang der Hauptstraße wenige Meter bergauf (keine Beschilderung).

▶Am Ortsendeschild von Urfeld überqueren wir die Hauptstraße und folgen einem Wanderweg über einige Stufen bergauf (Beschilderung: „Jochbergaufstieg").

▶An einer Kehre der Hauptstraße gehen wir auf der linken Fahrbahnseite (Bergseite) wenige Meter bergauf zum unteren Wanderparkplatz. In diesem Bereich müssen die Kinder unbedingt an der Hand genommen werden!

▶Wer sein Auto am oberen Wanderparkplatz abgestellt hat, steigt linker Hand einige Stufen bergauf (keine Beschilderung).

▶Dann geht er an einer weiteren Kehre der Hauptstraße auf der linken Fahrbahnseite (Bergseite) wenige Meter bergauf zum oberen Wanderparkplatz. In diesem Bereich müssen die Kinder unbedingt an der Hand genommen werden!

Winterwanderung

1. Etappe (Gehzeit 🚂🚗 2 Stunden): Der Wanderweg direkt zum Jochberg ist nach einigen Tagen getrampelt. Deswegen wählen wir im Winter den Direktanstieg auf den Gipfel. Dabei folgen wir immer den Wegweisern „Jochberg" und ignorieren den Abzweig zur Jocheralm, die im Winter nicht bewirtschaftet ist. Bitte beachten Sie, dass Ihre Kinder vor allem im Schlussanstieg zum Gipfel, im Kammbereich, unbedingt angeseilt sind! Überdies ist der Aufstieg auf dem getrampelten Weg weitaus beschwerlicher als im Sommer.

2. Etappe (Gehzeit 1 Stunde 50 Minuten, 1 Stunde 40 Minuten): Der Abstieg erfolgt auf dem gleichen Weg wie der Aufstieg (Winterwanderung). Bitte beachten Sie, dass einige Passagen sehr steil sind! Wer mit dem Bus gekommen ist, muss vom oberen Wanderparkplatz noch nach Urfeld gehen, da der Bus bei der Rückfahrt nicht an der Passhöhe hält. Er benutzt dabei den Weg, der unter der 2. Etappe der Sommerwanderung für Autofahrer beschrieben ist, in umgekehrter Richtung.

Lohnende Zwischenstationen

Von Interesse ist die kleine **Weilerkapelle in Sachenbach.** Sie steht am Anwesen Sachenbach 2, dem Seppenbauernhof. Durch ein Sichtloch kann man sie besichtigen. Hierzu gehen wir auf der 2. Etappe am Ende des Wanderweges, wenn wir den Walchensee erreicht haben, am Ufer linker Hand wenige Meter nach Sachenbach (keine Beschilderung).

Lohnende Ziele in der Nähe

Nach der Tour bietet sich noch eine Kaffeepause im Seestüberl in Urfeld an. Dort hat man einen wunderschönen Ausblick nach Osten über den Walchensee. Der dazugehörige Bootsverleih (✆08851-363) bietet günstige Bootsfahrten mit Tret- und Ruderbooten an: Erwachsene zahlen 3 € pro Person und Stunde, Kinder ab 8 Jahren 2,50 €.

Jocheralm (1382 m)

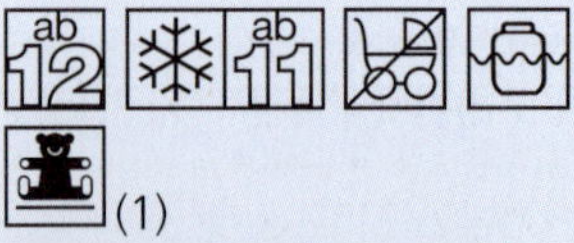

(1)

Besitzer: Familie Oswald
Anschrift: Sachenbach 2, 83676 Jachenau
Telefon: 08851-254
Öffnungszeiten: im Sommerhalbjahr Tagesbetrieb
Ruhetag: keiner
Betriebsurlaub: 16. Oktober bis 31. Mai keine Bewirtschaftung
Spielplatz: große Almwiese
Anseilen der Kinder: für die 1. Etappe des Aufstieges bedingt, für den Schlussanstieg zum Gipfel im Kammbereich unbedingt erforderlich
Kartenmaterial: Kompass Wanderkarte WK 6 1:50 000 „Walchensee–Wallgau–Krün"; topographische Karte 1:50 000 „Karwendelgebirge" des Bayer. Landesvermessungsamtes
Tourismusinfo: Tourist Info Kochel am See, ✆08851-338, www.kochel.de; Verkehrsamt Jachenau, ✆08043-919891, www.jachenau.de

18) Hoch über dem Kochelsee

Kreut-Alm

Der Ausblick von der Kreut-Alm ist atemberaubend. Im Osten liegt unter uns der von Bergen umrahmte Kochelsee. Von links nach rechts sehen wir Blomberg, Rabenkopf, Bendiktenwand, Jochberg, Herzogstand und Heimgarten. Diese Kulisse macht den Eindruck eines riesigen Amphitheaters. Auch das leibliche Wohl kommt natürlich nicht zu kurz. Das Haus bietet eine reichhaltige Speisenkarte mit warmen Gerichten und bayerischen Brotzeiten ebenso wie hausgemachte Kuchen. Die warme Küche ist durchgehend geöffnet.
Die Sommerwanderung bietet zwischen Großweil und Schlehdorf stimmungsvolle Weitblicke. Über die Weideflächen geht der Blick nach Süden zu Jochberg, Herzogstand und Heimgarten. Der Anstieg führt zunächst auf Wanderwegen, dann über Almwiesen, auf denen die Pfadspur nur vage zu erkennen ist, bergauf. Umso interessanter ist die Tour für Ihre Kinder, die hier als Pfadfinder vorausgehen dürfen. Kurz vor unserem Ziel, der Kreut-Alm, weitet sich dann der Blick über den Kochelsee.
Rodler benützen ab Schwaiganger den geräumten Forstweg zur Kreut-Alm, für eine Winterwanderrung ist die unten beschriebene Route ab Schlehdorf die beste Variante.

Anreise

🚂 Ab München Hauptbahnhof und München-Pasing fahren stündlich durchgehende Züge nach Murnau (Strecke München–Garmisch-Partenkirchen–Innsbruck). In Murnau fahren wir mit dem RVO-Bus 9611 von Murnau nach Großweil. Es verkehren auch an Samstagen, Sonntagen und Feiertagen einige Kurse. Info unter ✆08821-948274 oder im Internet unter www.rvo-bus.de.

🚗 Wir verlassen die A95 München–Garmisch-Partenkirchen an der Ausfahrt Murnau/Kochel. An der Ausfahrt fahren wir linker Hand Richtung Großweil und Kochel und erreichen die Ortschaft Großweil. Dort biegen wir rechter Hand in die Kreut-Straße ein, nach einigen Metern geht es linker Hand in die Straße „Am Anger". Dort parken wir unser Auto am Straßenrand.

1. Etappe (Aufstieg)

Gehzeit: 🚂 1 Stunde 40 Minuten, 🚗 1 Stunde 30 Minuten
Höhendifferenz: 🚂🚗 170 m bergauf

▶ Von der Bushaltestelle aus gehen wir in entgegen der Fahrtrichtung des Busses und biegen linker Hand in die Kreutstraße ein (Beschilderung: „Kreut-Alm").

▶ An einer Straßengabelung nehmen wir linker Hand die Straße „Am Anger" und folgen ihr in südlicher Richtung.

▶ An einer Linkskurve der Fahrstraße ignorieren wir den Hinweis „Am Anger 2" und gehen an dieser Weggabelung geradeaus in einen Wanderweg, vorbei am Schild „Anlieger frei" (Beschilderung: „Kochelsee, Schlehdorf"). Der Wanderweg mündet später in einen Wiesenpfad.

▶ Wir überqueren einen von Bäumen gesäumten Bach und richten uns wenig später nach dem Schild „Schlehdorf, Kochelsee", das an einem Weidezaun angebracht ist.

▶ An einer Weggabelung folgen wir einem Wanderweg mit der Beschilderung „Freilichtmuseum, Kreut-Alm".

▶ Wir durchqueren nun mehrmals Weidezäune, teilweise über Holzstufen, teilweise über Gatter, danach folgen wir dem Wanderweg beziehungsweise Wiesenpfad stets bergauf. Es gibt hier keine Beschilderung!

▶ Am letzten Weidezaun durchqueren wir ein Gatter und folgen dem kaum erkennbaren Wiesenpfad bergauf. Nach eini-

Kreut-Alm (790 m)

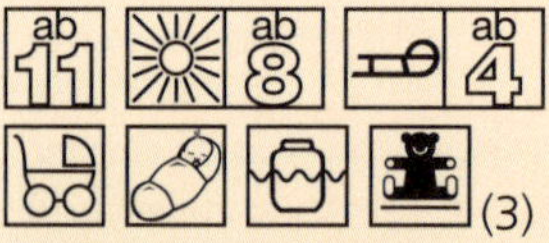

(3)

Besitzer: Familie Mayr
Anschrift: Kreut-Alm 1, 82439 Großweil
Telefon: 08841-5822
Öffnungszeiten: 9 Uhr bis der letzte Gast geht; von Dezember bis März Montag bis Freitag nur bei Schönwetter geöffnet!
Ruhetag: Dezember bis März Montag bis Freitag bei schlechtem Wetter geschlossen
Betriebsurlaub: keiner
Spielplatz: 2 Schaukeln, 1 Reifenschaukel, 1 Drehkarussell, 1 Strick mit Reifen, 1 Baumhaus
Anseilen der Kinder: auf der ganzen Tour nicht erforderlich
Kinderwagentauglichkeit: auf dem Winterweg und dem Rodelweg, wenn schneefrei; zumeist mäßiger Anstieg
Kartenmaterial: Kompass Wanderkarte WK 7 1:50 000 „Murnau–Kochel–Staffelsee"; topographische Karte 1:50 000 „Karwendelgebirge" des Bayer. Landesvermessungsamtes
Tourismusinfo: Tourist Info Kochel am See, ✆08851-338, www.kochel.de

gen Metern können wir schon die Kreut-Alm erkennen und uns so eindeutig orientieren.

▶ Der Wiesenweg kreuzt nun einen Forstweg. Wir gehen weiter geradeaus bis zur Kreut-Alm.

2. Etappe (Abstieg)

Gehzeit: 1 Stunde 20 Minuten, 1 Stunde 10 Minuten Höhendifferenz: 170 m bergab

▶ Der Abstieg erfolgt auf der gleichen Route wie der Aufstieg.

Winterwanderung

Die Wege sind entweder getrampelt oder durch Traktoren der Waldarbeiter gespurt. Als Alternative bietet sich auch der Rodelweg an, da die Winterwanderung recht lang ist.

Anreise:

Wir benutzen den RVO-Bus 9611 in diesem Fall bis Schlehdorf.

Bis Großweil verläuft die Anreise, wie oben beschrieben. Von hier fahren wir weiter nach Schlehdorf. Am Klosterbräu, an einer Linkskurve der Hauptstraße, biegen wir rechter Hand in die Seestraße ein und fahren bis zum Wanderparkplatz, der an der großen Informationstafel rechter Hand zu erkennen ist.

Aufstieg (Gehzeit 2 Stunden 15 Minuten, 2 Stunden; Höhendifferenz 250 m):

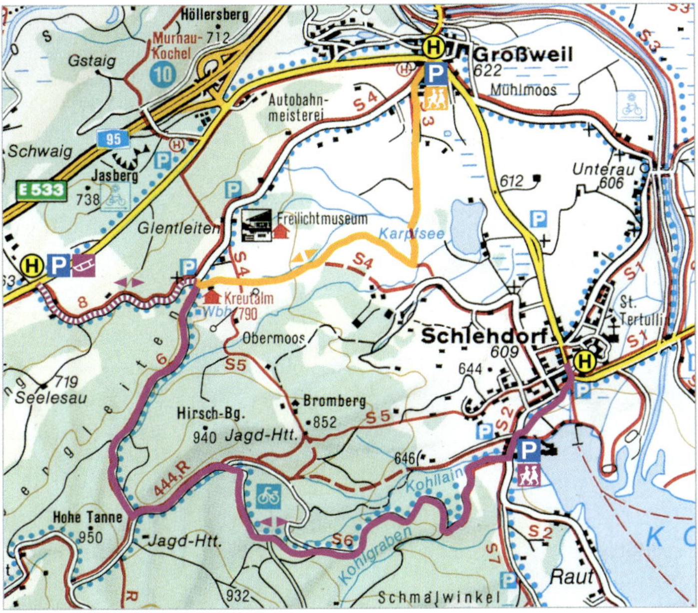

Vom Freilichtmuseum Glentleiten geht der Blick hinüber zum Jochberg.

▶ Wir gehen in Fahrtrichtung des Busses auf der Hauptstraße weiter.

▶ Am Gasthof Klosterbräu biegen wir rechter Hand in die Seestraße ein, den Schildern „Ohlstadt, Heimgarten" folgend.

▶ Wir folgen nun linker Hand einem Fußweg (Schild „Birkenweg").

▶ Am Ende des Fußweges gehen wir linker Hand auf die Fahrstraße, vorbei am Wanderparkplatz.

▶ Wir folgen der Fahrstraße über eine Brücke und biegen gleich darauf rechter Hand auf einen Forstweg (Beschilderung: „Kreut-Alm").

▶ An einer Gabelung des Forstweges folgen wir dem Schild „Kreut-Alm, Freilichtmuseum" geradeaus.

▶ An einer weiteren Gabelung des Forstweges gehen wir geradeaus (keine Beschilderung), dann folgen wir auf weitgehend ebenem Weg der Rechtskurve.

▶ An einer dritten Gabelung des Forstweges richten wir uns nach dem Schild „Kreut-Alm, Freilichtmuseum" und wandern geradeaus weiter.

▶ An einem Wegdreieck des Forstweges gehen wir zunächst geradeaus, dann folgen wir rechter Hand einem Forstweg mit der Beschilderung „Großweil". Leicht bergab geht es zur Kreut-Alm.

Abstieg: Der Abstieg erfolgt auf der gleichen Route wie der Aufstieg (Winterwanderung).

Rodelabfahrt

Anreise:

Wir fahren mit dem RVO-Bus 9611 von Murnau zum Abzweig Kreut (Richtung Kochel).

Wir fahren auf der A95 München–Garmisch-Partenkirchen bis zur Ausfahrt Murnau/Kochel. An der Ausfahrt geht es rechter Hand weiter Richtung Schwaiganger. Nach ca. 2,5 km parken wir am Abzweig Kreut-Alm.

Aufstieg: Der Aufstieg auf dem Forstweg, 1,2 km, dauert etwa 20 Minuten. Der Weg ist geräumt und präpariert.
Abfahrt: Die Abfahrt dauert 10 Minuten und erfolgt auf dem beschriebenen Aufstiegsweg.

Lohnende Zwischenstationen

Nach der Tour, oder im Anschluss an die Einkehr, bietet sich ein Besuch im größten Freilichtmuseum Südbayerns an der Glentleiten an. Mehr als 50 historische Gebäude vermitteln hier ein anschauliches Bild vom Leben in früheren Zeiten. Vertreten sind nicht nur große Bauernhöfe, sondern auch Werkstätten der Kleinhäusler, Tagelöhner, Handwerker oder Bergknappen. Daneben kann man traditionelle Nutztierrassen wie Schweine und Pferde bestaunen. Einen großen Kinderspielplatz gibt es für Ihre Kleinen auch. Das Museum ist Ende März bis Anfang November von 9–18 Uhr geöffnet. Montag ist Ruhetag, außer im Juli und August, ebenso ist an Feiertagen, die auf einen Montag fallen, geöffnet. Infos unter ✆ 08851-185-0 oder im Internet unter www.glentleiten.de. Von Mai bis Oktober wird das Freilichtmuseum auch von der RVO-Buslinie 9611 angefahren, ab Kochel direkt, ab Murnau mit Umsteigen in Großweil.

19) Kleines Paradies am Fuss des Wettersteingebirges

Kochelbergalm

Wenn wir uns der Kochelbergalm nähern, kommen wir in ein

kleines Paradies. Ein kleiner Teich mit Karpfen und Goldfischen liegt vor der Hütte, am Ufer weiden einige Geißen und Schafe, und rundherum tummeln sich Gänse und Hennen. Von der nach Süden ausgerichteten Terrasse geht der Blick über den Teich hinüber zum Hausberg. Die Speisenkarte bietet hausgemachte Kuchen und gute bayerische Brotzeiten. Die Kinder können sich auf einer Almwiese hinter dem Haus vergnügen.
Auf der 1. Etappe gehen wir zunächst auf einem Fahrweg, dann führt uns ein schattiger Waldweg über einige Stufen zur Kochelbergalm. Die 2. Etappe führt oberhalb der Partnachklamm entlang. Wer viel Zeit mitbringt, kann diese im Sommerhalbjahr noch besichtigen.
Für die Rodler steht eine verlängerte Wanderung an. Sie können dem Forstweg bis zum Bayernhaus folgen (Einkehrmöglichkeit, ✆08821-2828), bevor es rasant zu Tal geht. Die steile Abfahrt erfordert einiges an Fahrkönnen, ist jedoch mit Netzen und diversen Polstern gesichert. Wer sich den Fußweg sparen will, hat die Möglichkeit, mit der Hausbergbahn aufzufahren. Sie ist nicht nur tagsüber, sondern auch an einigen Abenden in Betrieb.

Anreise

Ab München Hauptbahnhof und München-Pasing gibt es mindestens stündlich durchgehende Züge nach Garmisch-Partenkirchen (Strecke München–Mittenwald–Innsbruck). Die Fahrzeit von München Hauptbahnhof beträgt etwa 70 bis 80 Minuten.

Wir fahren auf der A95 München–Garmisch-Partenkirchen bis zu deren Ende bei Oberau. Nach dem Farchant-Tunnel folgen wir der Beschilderung „Partenkirchen, Innsbruck, Brenner“ und fahren auf der Hauptstraße bis zum Rathausplatz (Ortsmitte). Am Rathausplatz biegen wir an einer Ampel rechts ab, dem Schild „Bahnhof“ folgend. Am Bahnhof fahren wir durch die Bahnunterführung (Wegweiser „Eisstadion, Zugspitzbahn“). Gleich danach biegen wir an der Ampel links ab und folgen dem Wegweiser „Eisstadion“. Wir fahren rechts um das Eisstadion herum und parken am Alpspitzwellenbad.

1. Etappe (Aufstieg)

Gehzeit: 50 Minuten,
35 Minuten
Höhendifferenz: 150 m bergauf

▶ Am Bahnhof folgen wir durch die Unterführung dem Wegweiser „Bayerische Zugspitzbahn".
▶ Am Gebäude der Zugspitzbahn gehen wir links entlang der Straße zum Eisstadion (keine Beschilderung).
▶ Wir gehen rechts um das Eisstadion herum zum Alpspitzwellenbad.

▶ Am südwestlichen Ende des Parkplatzes befindet sich ein Sammelplatz für Altglas. Hier folgen wir dem asphaltierten Fahrweg in südlicher Richtung (keine Beschilderung).
▶ Nachdem wir die Bahngleise überquert haben, gehen wir an einer Straßenkreuzung geradeaus (Wegweiser „Kochelbergalm").
▶ An einer Straßengabelung führt unser Weg weiter geradeaus (Wegweiser „Kochelbergalm").
▶ An einer weiteren Gabelung gehen wir erneut geradeaus, die Teerstraße mündet hier in einen Forstweg.
▶ An einer Gabelung des Forstweges folgen wir nun rechts dem Schild „Kochelbergalm". Ein Wanderweg führt über einen Bach und sogleich über viele Stufen bergauf in den Wald.

Kochelbergalm (840 m)

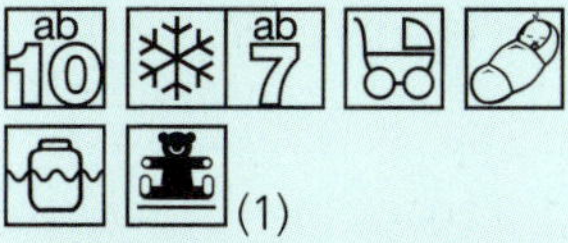

(1)

Inhaber: Josef und Maria Sedlmaier
Anschrift: Am Petersbad 1a, 82467 Garmisch-Partenkirchen
Telefon: 08821-56662
Öffnungszeiten: 9.30–20 Uhr
Ruhetag: Dienstag
Betriebsurlaub: 1. November bis Freitag vor dem ersten Adventswochenende
Spielplatz: Almwiese hinter der Hütte, Tiergehege vor der Hütte am Teich – Kinder müssen hier beaufsichtigt werden!
Anseilen der Kinder: in der ersten Hälfte der 2. Etappe erforderlich
Kinderwagentauglichkeit: auf dem Winterweg, wenn schneefrei
Kartenmaterial: Kompass Wanderkarte WK 790 1:30 000 „Garmisch-Partenkirchen–Mittenwald" oder WK 07 1:35 000 „Werdenfelser Land mit Zugspitze"; topographische Karte 1:50 000 des Bayer. Landesvermessungsamtes
Tourismusinfo: Garmisch-Partenkirchen-Tourismus, ✆ 08821-180-700, www.garmisch-partenkirchen.de

▶ An einer Wegkreuzung richten wir uns nach dem Schild „Partnachalm, Hoher Weg" und folgen einem Forstweg bis zur Kochelbergalm.

2. Etappe (Abstieg)

Gehzeit: 🚂 1 Stunde 20 Minuten, 🚗 1 Stunde 5 Minuten
Höhendifferenz: 🚂🚗 190 m bergab, 40 m bergauf
🚂🚗 ▼

▶ Wir verlassen die Kochlbergalm auf einem Forstweg, der entlang des Weihers südwärts führt.

▶ Gleich nach dem Weiher gehen wir an einer Gabelung des Forstweges linker Hand in den Wald, leicht bergauf, dabei ignorieren wir kleinere Abzweigung von Pfaden und bleiben auf dem Forstweg.

▶ An einem Gatter am Waldrand mündet der Forstweg in einen breiten Wanderweg.

▶ Der Wanderweg führt nun weitgehend eben durch Wälder und Wiesen.

▶ Der Wanderweg mündet nun an einer Almwiese auf einen asphaltierten Fahrweg, dem wir scharf links steil bergab folgen. Zur Orientierung: Für die Gegenrichtung ist hier das Schild „Partnachalm" angebracht.

▶ Wir überqueren nun die Partnach und gehen an einer Stra-

Das Wettersteinmassiv können wir am Beginn der 1. Etappe bewundern.

ßengabelung linker Hand vorbei am Café Lenzhütte entlang der Partnach auf der Straße.

▶ An der nächsten Straßengabelung gehen wir links und überqueren erneut die Partnach, dem Schild „Anwesen Wildenauer Straße 26–28" folgend.

▶ Am Sägewerk gehen wir an einer Weggabelung rechter Hand (keine Beschilderung).

▶ An einer weiteren Weggabelung gehen wir nun linker Hand entlang der Bahnlinie auf einem asphaltierten Rad- und Fußweg westwärts (keine Beschilderung).

▶ An einem unbeschrankten Bahnübergang folgen wir dem Rad-Wegweiser „Grainau" geradeaus über die Wegkreuzung.

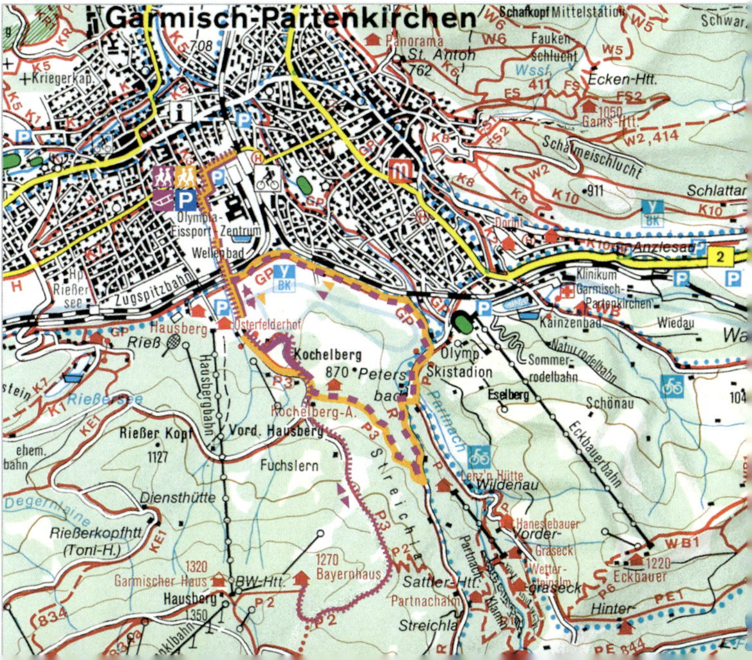

▸Wir gehen weiter auf dem asphaltierten Rad- und Fußweg entlang der Bahnlinie.

▸An einer Straßenkreuzung befindet sich eine Informationstafel mit Wanderrouten. Hier überqueren wir rechter Hand die Bahngleise und kommen zurück zu unserem Ausgangspunkt.

🚂▾

▸Bahnbenutzer kehren auf der gleichen Route wie beim Hinweg zum Bahnhof zurück.

Winterwanderung

Die Fahrwege sind geräumt, die Wanderwege getrampelt. Wir empfehlen allerdings nach größeren Neuschneemengen im Aufstieg (1. Etappe) dem Fahrweg bis zur Kochelbergalm zu folgen und diesen dann auch für den Rückweg zu benutzen. Hierbei gehen wir an der Weggabelung, an der rechts die Stufen in den Wald bergauf führen (Schild „Kochelbergalm"), geradeaus auf der Forststraße bis zur Kochelbergalm (keine Beschilderung). Durch Rodler ist dieser Weg an Wochenenden stark frequentiert, ebenso das kurze Stück des asphaltierten Fahrweges der 2. Etappe.

Rodelabfahrt

Anreise: Sie erfolgt wie oben beschrieben. Da der Weg zur Rodelabfahrt nicht weit ist, ist auch eine Anreise per Bahn sinnvoll.

Aufstieg (Gehzeit 🚂 1 Stunde 45 Minuten, 🚗 1 Stunde 30 Minuten):

▸Wir folgen dem Forstweg bis zum Bayernhaus.

Abfahrt: Sie erfolgt auf dem Aufstiegsweg und dauert etwa 20 Minuten.

Lohnende Ziele in der Nähe

Nach der Tour empfehlen wir noch einen Abstecher in das Alpspitzwellenbad. Das Badeparadies ist, Innen- und Außenbereich zusammengenommen, 2200 qm groß und hat unter anderem ein Mutter-Kind-Becken.

Bildnachweis

Wolfgang Ehn, Mittenwald: Titelfoto
Archiv Tourist-Information Bad Tölz: Seite 8, 100/101, 112/113
Wilfried Becker, Oberaudorf: Seite 9, 61
Manfred Danegger, Owingen: Seite 46
Erich Fink, Tegernsee: Seite 90/91
Klaus G. Förg, Rosenheim: Seite 12/13, 19, 24
Andreas Gassner, Braz: Seite 21
Heinz Osbahr, Bruckmühl: Seite 52, 53, 72/73, 77, 83
ROHA-Fotothek Fürmann, Teisendorf: Seite 18 (2 Abb.), 28/29, 31, 45, 118
Bernd Römmelt, München: Seite 86/87
Hans Steinbichler, Bernau: Seite 2, 36, 80
Andreas Strauß, Au bei Aibling: Seite 67, 96/97, 106/107
Tourismusverband Niederndorferberg: Seite 57
Karlheinz Watzke, Garmisch-Partenkirchen: Seite 116/117

Die in diesem Buch abgedruckten Karten sind Ausschnitte aus KOMPASS-Wanderkarten. (Die Übersichtskarte ist ein Ausschnitt aus einer KOMPASS-Autokarte.) KOMPASS Karten GmbH, A-6063 Rum/Innsbruck, Österreich. Lizenznummer: 104-1104-L. Der Verlag dankt für die freundliche Genehmigung zum Abdruck. Der Routenverlauf der im Buch beschriebenen Touren, mit Zusatzangaben zum Start- oder Zielpunkt, wurde eingezeichnet von der KCS GmbH, Buchholz i.d. Nordheide. Die Zeichnungen auf den Seiten 13–15 (Bindetechniken für das Tragetuch) stammen von Silke Manderscheid, Würzburg.

2. Auflage

Seitenlayout und Satz: Nikolaus Hodina, München
Lithographie: KCS GmbH, Buchholz i.d. Nordheide
Druck und Bindung: Graspo CZ a. s., Zlín
Printed in Czech Republic

ISBN 978-3-933708-15-1